위기 돌파를 배우는 기업소설

캐쉬플로우
cash flow ❷
현금순환의 기적

YOMU KANRI KAIKEI KIGYO SAISEI HEN – CASH KEIEI DE KAISHA WO SUKUE!
by Atsumu Hayashi.
Copyright ⓒ 2009 by Atsumu Hayashi.
All rights reserved.
Originally published in Japan by Nikkei Business Publications, Inc.

위기 돌파를 배우는 기업소설

캐쉬플로우
cash flow ❷
현금순환의 기적

하야시 아츠무 지음 | 오시연 옮김

연암사

위기 돌파를 배우는 기업소설

캐쉬플로우 cash flow ❷
현금순환의 기적

초판 인쇄   2019년 3월 15일
초판 발행   2019년 3월 20일

지은이   하야시 아츠무
옮긴이   오시연
발행인   권윤삼
발행처   연암사

등록번호   제10-2339호
주소   04050 서울시 마포구 양화로 156, 1609호
전화   02-3142-7594
팩스   02-3142-9784

ISBN 979-11-5558-042-4 04320
ISBN 979-11-5558-040-0 (전2권)

연암사의 책은 독자가 만듭니다.
독자 여러분들의 소중한 의견을 기다립니다.
트위터   @yeonamsa
이메일   yeonamsa@gmail.com

이 도서의 국립중앙도서관 출판시도서목록(CIP)은
서지정보유통지원시스템 홈페이지(http://seoji.nl.go.kr)와
국가자료공동목록시스템(http://www.nl.go.kr/kolisnet)에서
이용하실 수 있습니다. (CIP제어번호: CIP2018022076)

2부 린다의 덫

3부 제이피의 부활

등장인물

주식회사 제이피_ 연매출 백억 엔의 중견 전자부품 제조사. 창업자는 고(故) 다카라베 분지. 미사와 아쓰시가 개발한 마이크로스위치 기술로 업계에서 정평이 나 있으며 특허사용료로 전체 수익의 30%를 거두고 있지만 마나카 전무가 추진한 가변저항기와 커넥터 사업의 실적 부진으로 고전하고 있다. 본사는 도쿄 마루노우치의 고층 건물에 입주했고, 나가노와 아이치에 공장을 두고 있다. 비상장 기업으로 다카라베 분지의 아내인 다카라베 후미가 회사주식 대부분을 소유하고 있다.

단 다츠야_ 제이피 경리부장. 도쿄 대학을 졸업하고 컨설팅 회사를 거쳐 싱가포르 대학 비즈니스 스쿨에서 MBA를 취득했다. 스승인 우사미의 권유로 제이피에 입사한 뒤, 수많은 부정회계를 밝혀낸 공을 인정받아 경리부장으로 승진했다.

호소야 마리_ 제이피 경리과장. 부모님이 도쿄 기타센주에서 생선가게를 하고 있다. 정의감이 넘쳐서 제이피의 사내부패에 분노하던 중 다츠야의 오른팔이 된다. 다츠야의 추천으로 사원에서 과장으로 승진한다. (단 다츠야와 호소야 마리—상사와 부하)

다카라베 마스오_ 제이피의 대표이사 사장. 아버지 다카라베 분지의 장남으로 사십 대에 사장에 오르지만, 의사결정 능력이 없어 무늬만 사장인 유명무실한 존재이다. (다카라베 마스오와 다카라베 후미—모자母子)

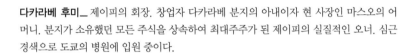

다카라베 후미_ 제이피의 회장. 창업자 다카라베 분지의 아내이자 현 사장인 마스오의 어머니. 분지가 소유했던 모든 주식을 상속하여 최대주주가 된 제이피의 실질적인 오너. 심근경색으로 도쿄의 병원에 입원 중이다.

마나카 류조_ 제이피의 전前대표이사 전무. 하버드 비즈니스 스쿨에서 MBA를 취득했고 일류 은행에서 근무하다가 제이피에 들어왔다. 마스오의 사촌이며 사실상 제이피를 지배하고 있었으나 분식결산의 책임을 추궁받고 해임당했다. (다카라베 마스오와 마나카 류조—사촌, 다카라베 후미와 마나카 류조—숙모와 조카)

마다라메 준지_ 제이피의 전前경리부장. 마나카를 추종하다가 마나카와 함께 해고당했다. (마다라메 준지와 마나카 류조—전 직장 상사와 부하)

우사미 히데오_ 카리스마 경영 컨설턴트. 다츠야의 대학시절 지도교수이자 인생의 스승이다. 뇌경색을 앓고 지금은 이즈별장에서 요양 중이다. (단 다츠야와 우사미 히데오—사제)

사와구치 모에_ 제이피의 경리부 사무직원이자 마나카의 정부였다. 마나카와 함께 해고당한 뒤, 긴자의 고급 술집 '마키'에서 일한다. (사와구치 모에와 마나카 류조—옛 애인)

미사와 아쓰시_ 제이피 나가노 공장장. 제이피의 수입원인 특허를 대부분 발명한 대단한 실력의 소유자. 창업자인 다카라베 분지와 이인삼각으로 회사를 키웠지만, 분지가 사망한 뒤 마나카의 계략에 빠져 한직으로 밀려났다가 복직된다.

제임스_ 케임브리지 대학 출신의 영국인. 다츠야의 싱가포르 대학 비즈니스 스쿨 동기이기도 하다. (단 다츠야와 제임스—친구·동기)

린다_ 다츠야의 싱가포르 대학 비즈니스 스쿨 동기이자 옛 애인. 상하이 출신의 중국인으로 이미려가 본명이지만 린다로 불린다. (제임스와 린다—동기, 단 다츠야와 린다—옛 애인·동기)

사이고 고타_ 공인회계사. 도쿄의 감사법인에서 15년 동안 근무하다가 고향에 내려가 사무실을 차렸다. 제이피 아이치 공장의 회계감사를 맡았다.

후지우치 헤이조_ 제이피 고문 변호사.

다카라베 사유리_ 다카라베 후미의 딸이자 마스오의 여동생. 병석에 누운 어머니를 간병하며 제이피의 앞날을 걱정한다.

가네코 준페이_ 제이피 아이치 공장장. 천재적인 로봇 공학 기술자.

세키야마 준이치_ 제이피 영업부 총괄부장.

기우치 슈지_ 제이피 아이치 공장 업무과장.

키스 잭슨_ UEPC사의 사외이사이자 유능한 변호사. 우사미의 친구. (우사미 히데오와 키스 잭슨—친구)

마이클 우즈_ UEPC본사 회장이자 CEO.

알랭 보가드_ UEPC사의 일본 지사장.

로버트 그레이엄_ 마인슬리 투자펀드사의 회장이자 CEO.

1부
달갑지 않은
선물

🔑 미션 _ 2008년 8월 1일

뉴욕 맨해튼

센트럴 파크는 뉴요커들에게 사막의 오아시스 같은 휴식처다.

맨해튼의 중심부에 있는 이 거대한 공원을 중심으로 동서로 나뉘는 업퍼 이스트 지역과 업퍼 웨스트 지역은 자타가 공인하는 뉴욕 상류 사회의 중심지다.

큰 키에 길고 검은 머리, 이브닝드레스 차림의 한 여자가 업퍼 이스트 지역의 고급 아파트에서 나와 택시를 잡았다. 몇 분 뒤, 택시는 업퍼 웨스트 지역의 호화로운 52층 호텔 앞에 도착했다. 여자는 1층에 있는 레스토랑을 향해 걸어갔다.

이곳은 뉴욕에서도 최고를 다투는 3성급 프렌치 레스토랑이다. 레스토랑에는 주로 백인의 중년 남녀가 화려한 차림새로 우아하게

14

식사를 즐기고 있었다. 마치 영화 속의 한 장면 같다.

웨이터가 여자를 발견했다.

"이쪽으로 오시지요."

편안한 미소에 세련된 움직임의 웨이터가 제일 안쪽 테이블로 여자를 안내했다.

여자가 테이블 사이로 걸어가자 남자들은 포크와 나이프를 움직이던 손길을 멈추고 일제히 시선을 빼앗겼다. 등이 깊게 파인 이브닝드레스나 칠흑같이 까맣고 윤기가 흐르는 머리카락 때문만은 아니었다. 단정한 이목구비에 이지적이고 독특한 분위기가 그들을 사로잡은 것이다.

안내받은 테이블에는 고급스러워 보이는 맞춤 양복 차림의 체격 좋은 백인 남자가 앉아 있었다. 희끗희끗한 갈색 머리와 얼굴에 새겨진 주름을 봐서는 65세 전후로 느껴졌다. 여자는 가볍게 목례를 하고 맞은편에 앉았다.

테이블 한쪽 모서리 부분에 가지런히 놓인 샴페인 쿨러에는 온도를 제대로 맞춘 돈페리뇽 로제가 준비되어 있었다. 소믈리에가 옅은 장밋빛 샴페인을 따르자 순식간에 작은 기포가 끊임없이 올라오며 다이아몬드처럼 반짝거렸다. 남자는 눈높이까지 잔을 들고 나지막하게 속삭였다.

"도쿄에서 자네의 성공을 빌며."

그러자 여자도 자신만만한 눈빛으로 잔을 들었다.

"반드시 성공시키죠."

레스토랑에서 식사를 즐기고 있는 사람들은 샴페인 잔을 들고 있는 이 남자가 세계적인 투자펀드회사인 마인슬리사의 회장이자 CEO, 로버트 그레이엄이라는 사실을 모르는 이가 없다. 그레이엄이 뿜어내는 강렬한 기운에 웨이터들이 압도되었는지 먼발치에서 그들을 바라보고만 있었다.

"일본 마인슬리사의 CEO 자리를 수락해줘서 고맙네."

그레이엄이 말했다.

"저야말로 회사에 들어오자마자 그런 자리에 발탁해주셔서 영광입니다."

"CEO인 자네에게 이런 말을 할 필요도 없겠지만 무슨 일이든 스피드가 최우선이야. 도쿄에 가자마자 행동을 개시하도록 해."

남자는 돈페리뇽을 한 모금 마셨다.

"물론이죠. 1년 내에 회장님께서 원하는 걸 얻게 될 거예요."

여자의 목소리에는 자신감이 넘쳐났다.

"잘 부탁하네. 미스 리……."

그레이엄이 이렇게 말하는 순간, 여자가 재빨리 말을 끊었다.

"린다라고 부르세요."

"알겠네, 린다. 이미 입이 닳도록 말했지만, 그 회사의 특허는 적어도 1억 달러의 가치가 있네. 세계 전자부품업계가 군침을 흘리는 기술이지."

"하지만 그 회사의 경영자는 그 사실을 전혀 모른다는 말이군요."

"자네 말이 맞아. 그것도 모자라 시답잖은 일에 돈을 쏟아 붓고 있다네."

"그런 것 같더군요."

그렇게 말하며 린다는 여유롭게 미소를 지었다. 무능한 경영자일수록 무너뜨리기 쉽다는 걸 린다도 잘 알았다.

"이거 하나는 말해두지. 내가 자네를 CEO로 선택한 건 자네 능력이 특별히 뛰어나서가 아니야. 우리 회사엔 자네보다 경력도 많고 능력도 출중한 인재가 얼마든지 있어. 하지만 난 자네를 선택했어. 그 이유가 뭘 것 같나?"

그레이엄은 샴페인을 단숨에 들이켰다.

"……?"

그레이엄의 말이 비수가 되어 린다의 가슴을 찔렀다.

"제가 일본어를 할 수 있기 때문인가요?"

"그렇게 사소한 이유는 아니야."

"잘 모르겠군요……."

"난 자네의 가능성에 도박을 한 거야."

"저를 두고 도박을 하셨다고요?"

린다는 그레이엄의 의도를 이해할 수 없었다.

"내가 원하는 건 제이피가 보유한 특허권이야. 하지만 그 회사엔 주식 양도제한 규정이 있기 때문에 주주총회 결의 없이는 회사를 매수할 수 없어. 즉 정공법으론 승산이 없다는 소리지.

그렇다고 해서 적대적 M&A를 시도하면 아무리 그들이 멍청하다지만 자신의 가치를 깨닫고 방어책을 강구하지 않겠나? 특허권 판매금액을 올려서 비싸게 팔아치울지도 몰라.

난 1억 달러의 지적재산을 10억 엔에 갖고 싶네. 이번 면접 때 자네는 내게 이렇게 말했지. '제게 맡겨주신다면 회사 내부부터 무너뜨리겠습니다.'라고 말이야. 자네를 보내기 전에 다시 한번 묻겠네. 정말로 제이피의 내부를 무너뜨릴 수 있겠나?"

그레이엄은 처음으로 불안한 표정을 보였다.

"물론입니다."

"돈이 필요하다면 얼마든지 쓰게. 사람도 마찬가지야. 그러니 말해보게. 어떻게 무너뜨릴 계획인가?"

린다는 부드러운 미소를 띠며 이렇게 말했다.

"저한텐 자신이 있습니다. 그게 전부입니다."

🔑 달갑지 않은 선물 _ 9월 10일

네즈의 초밥집
호소야 마리는 홀의 카운터 바가 아니라 구석진 방을 찾았다.
다츠야의 문자 메시지를 받았기 때문이다.

"아무도 모르게 할 얘기가 있어."

때마침 마리도 다츠야와 의논할 일이 있었다. 과장 승진을 받아들일지 고민 중이었던 것이다.

다츠야는 약속 시간인 7시를 조금 넘겨서 마리가 기다리고 있는 방에 모습을 나타냈다.

"오늘 사장님의 호출이 있었어요."

마리는 종업원이 내온 생맥주를 입만 대고는 떨떠름한 얼굴로 입을 떼었다.

"그래? 무슨 얘기였는데?"

다츠야는 아무렇지도 않은 얼굴로 마리에게 물었다.

"저한테 경리과장을 맡으라고 하시지 뭐예요. 내가 무슨 관리직을 할 능력이 있다고……."

"그래서 뭐라고 대답했지?"

"물론, 그 자리에서 거절했죠. 하지만 사장님은 무조건 받아들이라고 우기시는 거예요. 하네 마네 실랑이를 하느라 파김치가 다 되었어요."

물론 마리에게 그 인사 결정은 마른하늘에 날벼락이었을 것이다.

'그래도 그렇게 딱 잘라 거절할 건 또 뭐야.'

다츠야는 내심 어이가 없었다.

"과장님이 저를 과장으로 승진시켜달라고 사장님한테 요청하신 거죠?"

"사장님이 그렇게 말씀하셨어?"

"아뇨. 하지만 소거법으로 생각하면 답은 하나밖에 없는걸요. 저와 아무런 상의도 없이 그러기예요?"

마리는 금붕어처럼 뺨을 부풀리며 고개를 돌렸다. 하지만 그 옆모습에 살짝 자랑스러움이 숨어 있는 것을 다츠야는 놓치지 않았다.

"다 털어놓을게. 마리의 짐작대로야. 실은 나도 이사경리부장을 맡아달라는 사장님의 요청이 있었어. 어떻게 해야 할지 몰라서 우사미 스승님한테도 여쭤볼 정도로 고민했지. 결론은, 난 그 요청을 받아들이기로 했어.

사장님은 마나카 일당과 함께 이 회사를 엉망진창으로 만들어놓은 장본인이야. 그런 사람의 부탁을 받고 회사를 일으켜 세워야 하나 생각하면 솔직히 정말 얄미웠지.

하지만 마음을 고쳐먹었어. 제이피가 회생하면 직원들을 비롯해서 많은 관계자를 행복하게 해줄 수 있지 않겠어? 그리고 이런 경험을 쌓을 수 있는 기회는 두 번 다시 오지 않을지도 몰라."

"그래서 과장님은 자신의 커리어를 위해서 부장 자리를 받아들이고 저를 과장으로 추천하신 거예요?"

"어이, 오해하지 말라고……. 그런 생각은 아니었어."

"알고 있어요. 저는 과장님을 존경하고 할 수만 있다면 앞으로도 함께 일을 하고 싶어요. 그래도 자신의 앞날은 스스로 잘 생각해서 결정하고 싶어요."

마리는 의연하게 말했다.

"난 제이피를 다시 살리고 싶어. 하지만 나 혼자선 불가능한 일이야. 우사미 스승님이 항상 이렇게 말씀하셨어. '회사의 성공 여부는 인재 배치와 돈 쓰는 방법으로 결정된다.' 라고 말이야."

"그래서요?"

"인재 배치에 대해 말하자면 우선은 제조부야. 이사제조부장은 미사와 공장장님, 그리고 아이치 공장장은 가네코로 정할 거야. 제이피의 핵심기술인 마이크로스위치를 보존하고 키워나갈 인재는 그 두 사람밖에 없어. 그들이 마음껏 능력을 발휘할 수 있는 환경을 만드는 게 제이피가 부활하는 열쇠가 될 거야."

다츠야가 열변을 토하자 차츰 마리의 눈이 빛나기 시작했다.

"다음엔 정보와 돈을 다루는 경리부야. 분식한 장부를 바르게 수정하는 건 기본이고, 사내에서 엉터리 관리회계 정보를 추방할 거야."

"엉터리 관리회계 정보라고요?"

마리가 되물었다.

"아이치 공장의 월별결산을 한번 생각해봐. 마다라메나 기우치는 아이치 공장의 모든 생산라인은 흑자라고 떠벌렸어. 물론 마다라메의 계산상으론 모든 제품이 흑자였지.

상식적으로 생각해서 거의 가동되지 않은 생산라인이 흑자라는 게 말이 돼? 거기다 불량품이 많은 제품이 흑자라는 것도 납득이 가지 않아. 하지만 계산상으론 흑자였지. 그들은 사내 직원들도 속이려고 했던 거야."

　일반적으로 분식이라고 하면 재무회계의 분식을 가리킨다. 주주나 금융기관 같은 회사의 외부 이해관계자를 상대로 사기를 치는 행위다. 하지만 제이피는 사내 관리회계에도 분식이 횡행하고 있었다. 적자를 줄줄이 내고 있는 커넥터나 가변저항기를 마치 흑자 제품인 양 포장했다. 이 엉터리 정보를 근거로 사장인 다카라베 마스오는 그 제품들이 흑자라고 믿었고 영업부도 잘못된 판매 전략을 세웠던 것이다.

　"이 정도면 코미디도 아니고 거의 괴담 수준이야."

　다츠야의 목소리에 힘이 실렸다.

　"하지만 겨우 그 정도로 해서 제이피가 다시 살아날까요?"

　마리는 어딘지 불만스러운 어조로 물었다.

　"겨우 그 정도?"

　"회사 조직을 개편하고 관리회계 자료를 올바르게 수정한다고 해도 제이피를 일으켜 세우진 못할 거예요. 과장님은 우리 회사의 돈이 점점 바닥나고 있다는 사실을 모르시나요? 이미 회사 상태는 엉망진창이에요. 그런 일에 시간을 허비할 여유가 없을 걸요……."

　"마리, 마리가 말하고 싶은 건 대대적인 구조조정이 필요하다는 뜻인가?"

　다츠야의 말에 마리는 잠자코 고개를 크게 끄덕였다.

　"앞으로 저는 우리 회사에서 하는 모든 일을 과장님과 함께하고 싶어요. 만약 그게 안 된다면 회사를 그만두겠어요."

마리는 그렇게 단언하며 다츠야를 똑바로 쏘아보았다.

"구조조정을 하면 그걸 추진하는 쪽은 잘되든 못되든 비난의 화살을 맞게 돼. 그리고 마지막엔 자신도 회사를 그만둬야 할지도 몰라. 마리는 그렇게 되어도 좋다는 거야?"

"과장님은 항상 마다라메 부장을 비판해왔죠. 경리부는 회사에 빌붙어 사는 존재라고 말하는 걸 용납할 수 없다고 하면서요. 그런데 지금 과장님의 말은 저한테 회사에 빌붙어 살라고 하는 거나 다름없어요. 물론 관리회계는 배우고 싶어요. 하지만 구조조정을 추진하는 당사자가 되지 않는다면 제가 과장이 될 필요가 있을까요?"

그렇게 말한 마리는 이미 미지근해진 생맥주를 단숨에 들이켰다. 마리의 눈은 어느새 굳은 의지로 가득했다.

"그리고 마나카 전무가 놔두고 간 달갑지 않은 선물도 있고……."

마리는 다츠야가 모르는 중대한 사실을 알고 있음을 암시했다. 다츠야가 마리의 주장을 받아들이게 하는 비장의 카드다.

"달갑지 않은 선물이라니?"

"장부엔 기재되어 있지 않지만, 회사의 목숨을 한순간에 앗아가는 시한폭탄 같은 선물이죠."

마리는 좀처럼 털어놓지 않았다.

"뜸 들이지 말고 빨리 가르쳐줘."

"싫어요. 회사를 재건하는 일에 저도 동참시켜줄 때까지 절대로 말 안 할 거예요."

"그럼 마리는 지옥 끝까지 나와 함께할 각오가 되어 있다는 뜻인
가?"

다츠야는 마리의 진심을 물었다.

"당연하죠. 우린 동지잖아요. 과장님이 항상 그렇게 말씀하셨잖
아요?"

반쯤 토라져서 의지를 굽히지 않는 마리가 다츠야의 눈엔 사랑스
러워 보였다.

조직개편

다음 날.

사장 다카라베 마스오는 미사와 아쓰시와 다츠야를 자기 방으로
불러들여 방금 손으로 작성한 조직도를 보여주었다.

"이런 체제를 한번 생각해봤습니다."

수십 번 썼다가 지우기를 반복한 흔적이 있는 조직도에서 다츠야
는 마스오의 열정을 느꼈다.

"어떻게 생각하시죠?"

마스오는 도저히 사장의 말이라고는 믿기지 않는 공손한 말투로
두 사람의 의견을 물었다. 조직도는 주로 제조부, 영업부, 경리부,
인사부 이렇게 네 부서로 구성되어 있고, 제이피의 핵심부서인 제

조부의 총괄부장은 상무 미사와 아쓰시로 되어 있었다. 그 아래에는 나가노 공장과 아이치 공장으로 나뉘어 있으며 나가노 공장장은 미사와 아쓰시, 아이치 공장장은 가네코 준페이였다. 그 밖에도 아이치 공장에는 '생산기술과'와 '경리과'를 신설했고 생산기술과장은 가네코 준페이, 경리과장은 기우치 슈지라고 쓰여 있다.

생산기술은 설계나 개발된 제품이 양산에 들어가게 되었을 때 생산라인에서 원활하게 생산할 수 있도록 만드는 것을 말하며 생산기술과는 공장 신설이나 생산라인, 로봇의 설계와 제작을 맡는 부서다.

고품질에 저비용인 커넥터, 가변저항기, 스위치 등을 양산하는 것은 생산기술력에 달려 있다. 우수한 생산기술자가 회사의 성패를 결정한다 해도 과언이 아니다.

아마도 사장이 미사와의 충고를 받아들여 가네코에게 아이치 공장장과 생산기술과장 자리를 겸임하게끔 했을 거라고 다쓰야는 생각했다. 단지 경리과의 책임자가 기우치라는 점은 이해가 되지 않았다. 기우치는 일전에 미사와 공장장의 편인 양 행동하면서 뒤에서는 마나카와 마다라메에게 정보를 흘린 배신자이기 때문이다.

"기우치 씨가 아이치 공장의 경리과장으로 되어 있군요……."

다쓰야는 마스오의 의도가 궁금했다.

"업무와 경리는 이름만 다르지 하는 일은 똑같으니까 말이야. 이 조직도는 단순히 업무과를 경리과로 바꾼 것뿐이네."

'업무와 경리가 하는 일이 똑같다고! 이 사람, 정말 아무것도 모

제이피의 조직도

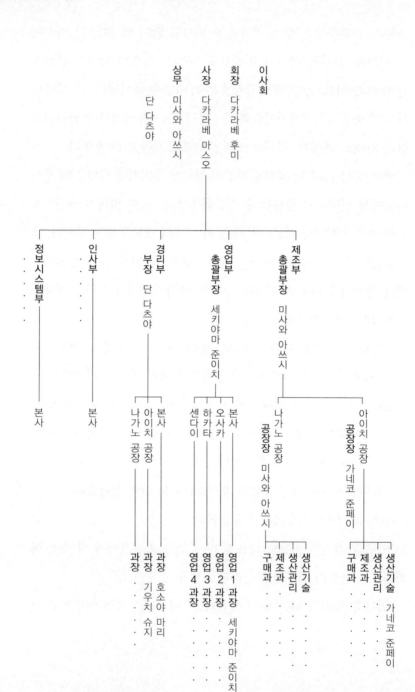

이사회

회장　다카라베 후미

사장　다카라베 마스오

상무　미사와 아쓰시
　　　단 다쓰야

제조부
총괄부장　미사와 아쓰시

　나가노 공장
　공장장　미사와 아쓰시
　　　구매과　·
　　　제조과　·
　　　생산관리　·
　　　생산기술　·

　아이치 공장
　공장장　가네코 준페이
　　　구매과　·
　　　제조과　·
　　　생산관리　·
　　　생산기술　·　가네코 준페이

영업부
총괄부장　세키야마 준이치

　본사
　　　영업1과장　세키야마 준이치
　　　영업2과장　·
　　　영업3과장　·
　　　영업4과장　·
　오사카　·
　하카타　·
　센다이　·

경리부
부장　단 다쓰야

　본사
　아이치 공장
　나가노 공장
　　　과장　·
　　　과장　기우치 슈지
　　　과장　호소야 마리

인사부　·····
　본사

정보시스템부　·····
　본사

르는구나.'

다츠야는 마스오의 대답에 기가 차서 할 말을 잃었다. 기우치가 아이치 공장의 경리과장이 되면 공장에 관한 모든 경영정보가 기우치에게 집결된다. 다시 말해 이번 인사개편의 의미는 지금까지 스파이 노릇을 하던 인간이 아무런 책임추궁을 당하지 않고 윗자리로 승승장구 올라갔다는 말이나 다름없다. 다츠야의 얼굴이 점점 벌겋게 달아올랐다.

그런 다츠야의 마음을 눈치챈 미사와가 입을 열었다.

"실은 사장님이 나한테 경리과장을 누구로 할지 물어오셨네. 그때 내가 기우치를 추천했어. 그 사람은 결코 나쁜 사람이 아닐세."

'이분은 사람이 너무 좋아.'

다츠야는 한숨을 쉬었다. 약자인 척하고 태연하게 자신의 뒤통수를 치려했던 인간을 미사와는 넓은 마음으로 용서한 것이다. 하지만 신상필벌이 아니면 조직의 도덕성은 떨어지기 마련이다.

'앞날이 뻔하다, 뻔해……'

"사실은 자네 의견을 들어봐야 했었는데."

미사와는 면목이 없다는 표정으로 다츠야에게 사과했다.

그러자 마스오가 당혹스러운 얼굴로 다츠야에게 물었다.

"부서명을 바꾸는 게 그렇게 중요한 일인가?"

"……."

다츠야는 사장의 질문을 못 들은 척하며 다시 한번 조직도에 눈길을 주었다.

영업부장은 세키야마 준이치가 계속해서 맡게 되어 있다. 그뿐 아니라 이시다 미치오가 퇴직해서 공석이 된 본사 과장을 겸직하게 되어 있었다. 마스오는 직속부하가 연루된 순환거래를 간파하지 못한 세키야마에게 영업부의 모든 것을 맡길 요량인 것이다. 다츠야는 점점 더 암담한 기분이 들었다.

마스오는 화제를 바꿨다.

"마리 씨 말인데……. 그 사람을 과장으로 한 건 자네와의 약속이 있어서네만, 마리 씨의 사내 평판은 그렇게 좋지만은 않아. 게다가……."

"게다가 뭡니까?"

"자네와의 소문이 끊이지 않고 있네. 조심하게나."

다츠야는 사내 루머를 그대로 믿고 본인에게 대놓고 주의를 주는 이 경솔한 남자를, 자신이 온몸을 바쳐 도우려 하고 있다고 생각하니 기가찼다.

'생각할수록 한심스럽군.'

다츠야는 치밀어 오르는 분노를 꾹 참았다.

'내 임무는 제이피를 일으켜 세우는 것이다. 그것만 생각하자.'

다츠야는 이렇게 되뇌며 자신을 달랬다.

"알겠습니다. 하지만 마리 씨는 생각이 없는 사람이 아닙니다. 또, 조금 있으면 세무사 자격증을 딸 정도로 노력파입니다."

하지만 마스오는 다츠야의 이야기를 듣는 둥 마는 둥 자신이 만든 조직도를 흡족한 표정으로 쳐다볼 뿐이었다.

선물

다츠야가 회의를 마치고 경리부로 돌아왔을 땐 직원들은 퇴근하고 마리만 있었다.

"회의는 어떠셨어요?"

마리는 걱정스러운 얼굴로 물었다.

"여전했지 뭐. 그보단 마음에 걸리는 게 있는데……."

"뭔데요?"

"얼마 전에 초밥집에서 '마나카의 달갑지 않은 선물' 이야기를 했잖아? 그게 대체 뭐지?"

"아, 그 얘기요……. 마나카 전무는 도저히 갚을 수 없는 부채를 남겨둔 채 회사를 그만뒀어요."

다츠야는 마리가 말한 '부채'의 의미가 뭔지 몰라 어리둥절했다. 제이피가 현재 끌어안고 있는 차입금은 43억 엔 정도다. 많다고 하면 많지만, 유휴자산을 처분하고 사업규모를 다소 축소하면 상환할 수 있는 금액이었다.

"마리는 그게 우리 회사에 치명적인 금액이라는 거야?"

"아무리 해도 못 갚을 것 같은데요……."

"43억 엔의 차입금은 물론 크지. 그래도 치명적인 금액은 아니야."

그러자 마리는 생각지도 못한 말을 했다.

"그 부채가 아니고요. 연대보증 건이에요. 제이피는 마나카 전무의 지인이 경영하는 부동산 회사의 채무보증을 섰어요. 그런데 어제 경제신문 석간에 그 회사가 도산했다는 기사가 실렸어요."

"뭐, 뭐라고! 아니 대체 얼마를 보증선 거야?"

"60억 엔입니다. 틀림없어요. 그 계약서를 제 눈으로 똑똑히 봤거든요."

60억 엔. 다츠야의 몸이 얼어붙었다.

네즈의 초밥집

그날도 다츠야는 마리와 함께 초밥집을 찾았다.

두 사람은 카운터석에 앉아 정종을 주문했다.

"과장님은 정말 초밥을 좋아하시네요."

"레퍼토리는 그게 그거지만 마리와 마음 편히 이야기할 수 있는 곳은 이 가게뿐이니까."

그 말을 들은 가게 주인인 겐이 재빨리 반박했다.

"아니, 그렇게 말하면 섭섭하지. 우리 가게 재료는 항상 특별하다고. 자, 이것 좀 먹어봐요."

그는 신선한 멍게로 단숨에 마끼를 만들더니 다츠야에게 내밀었다.

다츠야는 입을 있는 대로 벌려서 마끼를 한 입에 털어 넣었다. 멍게의 그윽한 향이 입안 가득 퍼졌다.

"진짜 맛있는데요."

"내 말이 맞지?"

겐이 흡족한 미소를 띠었다.

"과장 승진을 받아들여줘서 고마워."

"할 수 없죠, 뭐."

그렇게 말하며 마리는 가방에서 휴대전화를 꺼내어 수신 메시지함을 다츠야에게 보여주었다. 거기에는 다츠야로부터 온 문자로 가득했다.

"과장님이 이렇게 부탁하시는데 어떻게 거절하겠어요."

마리는 기쁘기도 하고 조금은 자랑스러운 기색이었다.

"방금 전 얘기 말인데 연대보증 건은 어디서 알았지?"

그러자 마리는 다츠야의 약을 올리듯 녹차를 한 모금 마시고 나서 천천히 이야기하기 시작했다.

"글쎄요. 1년도 더 전인 것 같네요. 그날도 마다라메 부장이 마나카 전무의 호출을 받고 전무실에서 회의를 하고 있었어요. 그런데 회의 도중에 서류를 하나 갖고 경리부실로 돌아왔나 싶더니 묘하게 주변 눈치를 보면서 팩스를 보내지 뭐예요. 그날따라 임원실 팩스가 고장났나 봐요. 마다라메 부장은 팩스를 보내고 허둥지둥 전무실로 돌아갔어요. 원래 경리부실에선 거만하게 팔짱만 끼고서 손가락 하나 까딱하지 않는 사람이잖아요? 그런데 직접 팩스를 보내다니 별일 다 보겠네 싶었죠.

그런데 얼마 안 있어 '삐~' 하며 팩스에서 에러 소리가 나더군요. 무슨 일인지 확인하려고 갔더니 송신 에러였어요. 서류 미송신 결과를 알려 주는 용지가 팩스 트레이에 한 장 남아 있었어요. 그게 이거예요."

마리는 에러 메시지를 다츠야에게 보여주었다.

"마다라메 부장도 모에도 이 사실을 눈치채지 못했어요."

그것은 금전소비대차계약서 복사본이었다. 채권자 간토비즈니스은행(갑), 채무자 미쓰사와부동산주식회사(을), 연대보증인 제이피(병), 미쓰사와부동산의 차입금은 60억 엔이라고 되어 있으며 계약서 제6조에는 다음과 같이 쓰여 있었다.

병은 을이 전조(前條)의 약정에 의하여 부담하는 일체의 갑에 대한 채무에 대하여, 연대보증하며 갑에 대해 연대하여 이행할 책임을 진다.

"마리, 연대보증이란 게 뭐지?"

"아니, 회사 임원이 그런 것도 모르면 어떻게 해요?"

마리는 연대보증이 무엇인지 자세하게 설명해주었다. 마침 법인세법 공부를 할 때 보증채무에 대해 조사한 적이 있었다.

❖ 연대보증의 보증인에게는 '검색의 항변권' 이 없다

'검색의 항변권' 이란?

차입금 상환이 밀렸다는 이유로 채권자가 보증인의 재산을 강제적으로 차압하려 했을 때 '우선 채무자의 재산부터 강제 집행하라' 고 청구할 수 있는 권리다. 단, 제이피는 미쓰사와부동산의 '연대' 보증인이다.

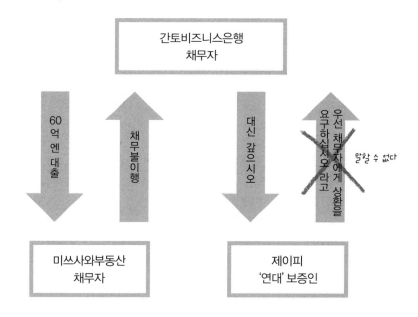

따라서 간토비즈니스은행에게 60억 엔을 빌린 미쓰사와부동산이 만일 차입금을 갚지 못할 경우, 연대보증인인 제이피가 차입금을 대신 갚아야 한다.

"보증채무는 채무자가 채무를 이행하지 않았을 때 그 채무를 채무자를 대신해서 이행할 의무를 말해요. 간단히 말하자면 미쓰사와부동산이 차입금을 상환할 수 없게 되면 보증인인 제이피가 차입금을 대신 갚아야 할 의무가 발생하죠.

보증인한테는 '검색의 항변권'이란 권리가 있어요. 그건 채무자, 다시 말해서 간토비즈니스은행이 미쓰사와부동산의 차입금 상환이 연체되었다는 이유로 보증인인 제이피의 재산을 강제적으로 차압했을 경우라도 '미쓰사와부동산에는 아직 상환할 재산이 있으며 집행 가능한 점을 증명해서 우선 채무자인 미쓰사와부동산의 재산부터 강제집행하라'고 청구할 수 있답니다.

하지만 이게 제일 중요한 점인데요, 일반 보증이 아니라 연대보증을 섰을 경우엔 그 보증인에게는 검색의 항변권이 없어요. 은행은 다짜고짜 보증인에게 채무 이행을 청구할 권리가 있답니다. 그리고 지금 같은 경우에 보증인은 바로 제이피를 말하죠."

다츠야는 마리의 설명을 곧바로 알아들었다. 미쓰사와부동산은 어제 도산했다. 그 결과 제이피는 최대 60억 엔의 차입금을 떠안게 되었다. 날마다 자금 운용에 골머리를 앓고 있는 제이피는 그렇게 많은 금액을 갚을 여력이 없다. 하지만 연대보증을 섰으니 어느 날 갑자기 은행에서 재산 차압이 들어오고 경매에 붙여질지도 모른다. 그렇다면, 모든 게 끝장이다.

'우린 미쓰사와부동산과 한배를 탔단 말인가…….'

다츠야는 곰곰이 생각에 잠겼다. 그러자 우사미의 말이 귓가에 맴돌았다.

> 어떤 상황에서도 경영자는 희생자를 최소화할 것을 최우선으로 삼아야 한다.

'제이피가 무너진다면 전 직원이 길거리에 나앉게 될 것이다. 그것만은 무슨 짓을 해서라도 막아야 한다.'

다츠야는 뇌세포를 풀가동시켜 해결책을 모색했다.

"괜찮으세요?"

마리는 꼼짝하지 않고 생각에 잠겨 있는 다츠야에게 말을 건넸다.

"우리 회사를 망하게 할 순 없어. 아니 그런데, 사장님은 무슨 생각으로 연대보증계약서 따위에 도장을 찍은 거야?"

"꼭 사장님이 찍었으리란 법은 없어요. 계약서 서명란에는 대표이사라고 인쇄되어 있을 뿐이었지 서명은 없었거든요. 마나카 전무도 대표이사 전무니까 대표이사는 대표이사죠……."

"뭐라고?"

다츠야의 쩌렁쩌렁한 목소리가 온 가게에 울려 퍼졌다.

"대표권이 있는 게 사장님만이 아니었단 말이야?"

"회사 등기부등본엔 대표이사로서 사장님과 마나카 전무 두 사람으로 되어 있어요."

"그렇다는 건 사장님은 이 건을 모르고 있을 가능성이 있다는 거 잖아."

"아마도 모르실 거예요. 우리 회사 재무제표에도 그런 주석은 없었으니까요……."

재무제표는 상법의 규정에 따라 작성된다. 그 규정에 따르면 채무 연대보증을 섰을 경우 재무상태표에 그 내용과 금액을 주석으로 표기해야 한다. 하지만 제이피의 재무제표에는 그런 주석이 없었다.

"즉, 숨겨진 채무란 소리인가."

"그런 거죠. 이것도 분식회계의 일종이죠. 재무제표나 주석에 기재되어 있지 않으면 아무도 모르니까요……."

마리가 한숨을 쉬었다. 다츠야는 그 말에 동의했다. '재무제표의 내용을 그대로 믿지 말게'라는 평소 우사미의 말이 하나도 틀리지 않았다. 알리고 싶지 않은 정보를 재무제표에서 누락시키면 재무제표를 좀 더 보기 좋게 포장할 수 있다.

'기가 막힌 선물이군.'

다츠야는 술잔에 정종을 따르고는 단숨에 들이켰다.

"마리, 사장님은 아무것도 모른다고 가정하면, 마나카 그놈은 대체 왜 미쓰사와부동산의 빚보증을 선걸까?"

"그건 말이죠. 미쓰사와부동산이 바로 마나카 전무의 부인 친정이니까요."

"마리는 보기와는 달리 정보통이군. 그런 얘긴 어디서 들은 거야?"

"마다라메 부장이 툭하면 경리부 사람들에게 큰소리로 떠들어 대니까 듣기 싫어도 듣게 된답니다. '전무님의 사모님 친정은 요코하마에서 부동산회사를 경영한다는군. 너희 같은 놈들은 상상도 못할 만큼 엄청난 부자라고.' 그러면서 반년 전만 해도 전무님의 사모님네가 경영하는 골프장이 좀 있으면 오픈한다는 둥 떠벌렸었죠. 하지만 어느 순간부터 그런 말이 쑥 들어갔어요······."

'그렇게 된 거였군.'

다츠야의 의문이 눈 녹듯 사라졌다. 미쓰사와부동산은 골프장 경영에 손을 댄 것이다. 그런데 불황의 여파로 골프회원권 가격이 뚝 떨어지면서 예탁금을 모을 수 없게 되었다. 그래서 건설자금을 마련할 방도가 없어졌고 결국 도산하고 말았다. 60억 엔이란 막대한 차입금도 바로 이 때문이었다.

대출을 해준 은행은 제이피의 주거래 은행이기도 한 간토비즈니스은행이다.

제이피에겐 미쓰사와부동산의 채무를 대신 갚아줄 만한 능력이 없다. 아이치 공장이나 나가노 공장을 매각해도 그다지 대단한 금액은 아니다.

'제이피의 재산이면서 가치가 있는 게 뭐가 있을까······, 다츠야는 생각했다.

로열티 수입만으로도 연간 20억 엔을 거두어들이는 마이크로스위치의 특허권이 있다.

'그렇군!'

그때 다츠야는 얼마 전에 제임스에게서 갑자기 걸려온 전화를 떠올렸다.

'린다가 네 회사를 노리고 있어.'

다츠야는 린다가 노리고 있는 것은 제이피의 특허권이며 그것을 빼앗기는 순간 제이피는 알거지가 될 것이라는 것을 직감했다.

"과장님, 무슨 생각을 그렇게 하세요?"

"내 옛 친구가 제이피를 넘보고 있어……."

🔑 절체절명의 위기 _ 9월 12일

경리부

다음날 아침.

"다츠야 과장이 이사가 되고 그것도 모자라서 마리가 경리과장이라니, 진짜 못 해먹겠네……."

경리부의 다나카는 게시판에 붙은 새로운 조직도를 보며 들으라는 듯이 큰소리로 불만을 토로했다. 이 결정에 불만이 있는 사람은 비단, 다나카만이 아니란 것을 다 안다는 듯한 말투였다.

마다라메가 퇴출된 지금, 과장인 다츠야가 경리부장이란 직함을 단다면 그 정도는 다나카도 이해할 수 있었다. 하지만 이사라면 차원이 다른 얘기다. 입사한 지 반년도 안 된 신참이 자신들을 제치고 경영진으로 발탁된 것이다.

다츠야의 승진은 간신히 봐줄 수 있다고 해도 다나카가 정말 참을 수 없는 것은 마리의 인사발령이었다. 어제까지 사무직이었던 여자가 오늘부터 자기들의 상사가 된 것이다.

다나카는 올해로 입사 10년째가 된다. 지방의 삼류대학을 졸업한 다나카는 제이피에 들어온 뒤 줄곧 경리부에서 한 우물을 파며 열심히 일했다. 상사인 마다라메는 결산 작업 외에는 아무것도 하지 않는 인물이었다.

경리 업무는 날마다 단조로운 작업의 연속이다. 그러면서도 실수가 용납되지 않는다. 더구나 임원들은 아무 때나 자료를 요청해온다. 그 모든 일을 도맡아 처리해온 사람이 다나카였다. 그런 만큼 회사에 대해 가장 잘 알고 있는 사람은 자신이라고 자부하고 있었다. 그래도 관리직은 오르지 못할 나무라고 생각했다.

하지만 부장인 마다라메가 없어지고 경리과장이 공석이 되자 다나카도 갑자기 관리직이 되고 싶다는 소망이 싹트기 시작했다. 승진해서 아내에게 큰소리치는 모습을 상상하며 언젠가는 '과장이 되지 않겠냐'는 말이 나올 거라고 은근슬쩍 기대하기도 했다.

그런데 이번 인사는 다나카에겐 예상치 못한, 그리고 부당한 결정이었다.

"앞으로 마리한테 '마리 과장님~', 이렇게 불러야 한단 말이야?"

다나카는 퉁퉁 부은 얼굴로 동료인 사사키에게 불만을 쏟아냈다.

"가뜩이나 모에가 없어져서 기분이 우울한데, 이번엔 마리가 상사가 된다고? 정말 일할 맛 안 나네."

사사키가 한숨을 쉬었다.

"이봐, 다나카. 아무래도 그 사건의 가장 큰 희생자는 모에 같아. 그렇게 순진한 애가 마나카와 짜고 부정을 저질렀다니 도저히 상상이 안 간다고. 너도 그렇게 생각하지 않아?"

다나카는 말 없이 고개를 끄덕인 다음 사사키의 귓가에 이렇게 쑥덕거렸다.

"이번 일의 주모자는 다츠야일 거야. 마나카 전무와 모에를 퇴출시키고 마리를 직속부하로 만들어서 둘이서 우리 회사를 좌지우지할 심산 아니겠어?"

"사실은 나도 그런 생각이 들어. 벌써 9시 20분인데 두 사람 다 코빼기도 보이지 않는 걸 봐. 역시 그 두 사람, 뭔가 있어……."

사사키와 다나카는 자신들의 의혹을 확인하듯이 눈빛을 주고받았다.

사장실

다나카와 사사키가 투덜거리고 있던 바로 그때, 다츠야와 마리는 사장실의 회의용 테이블에서 마스오와 마주하고 있었다.

"마리 씨, 과장직을 수락해서 고맙네."

마스오가 이렇게 말했다.

"자신은 없지만 최선을 다하겠습니다."

"다츠야 부장이 자네는 노력파이고 일도 잘한다고 하더군. 하지만 그래도 노파심에서 한 가지만 말해두지. 우리나라는 아직 남성 중심적인 사회야. 우리 회사에도 자네가 과장이 된 것을 좋게 보지 않는 직원이 전혀 없진 않을 거야. 여자이고 재직기간도 짧은 자네가 남자직원을 제치고 관리직이 되었으니 말이야. 만약 무슨 일이 있으면 주저하지 말고 나한테 의논하게나."

마스오는 사장으로서의 위엄을 한껏 과시했다. 하지만 마리는 황송해하는 기색도 없이 듣고만 있었다.

"사장님, 한 가지 여쭤보고 싶은 게 있습니다."

다츠야가 입을 열었다.

"뭐든 말해보게."

"미쓰사와부동산이 도산한 건입니다."

다츠야는 그렇게 말하며 마스오의 낯빛을 찬찬히 살폈다.

"아, 그 일? 알고 있네. 거긴 마나카의 부인의 친정일세. 골프장 사업에 손을 댄 게 치명타였던 모양이야. 실적이 좋고 견실한 기업이었는데 세상일은 아무도 모른다니까."

마스오는 완전히 남의 집 불구경하는 태도였다.

'역시 사장님은 연대보증에 대해 아무것도 모르는구나…….'

다츠야는 단도직입적으로 용건을 말했다.

"우리 회사가 미쓰사와부동산의 연대보증인이란 사실은 알고 계시지요?"

"응? 누가 연대보증인이라고?"

마스오는 영문을 모르겠다는 표정이었다.

"미쓰사와부동산이 간토비즈니스은행에서 60억 엔의 대출을 받았을 때 우리 회사가 연대보증을 선 걸 알고 계시지요?"

다츠야는 마스오에게 문책하듯이 질문했다.

"다츠야 부장, 사람 놀라게 하지 말게나."

마스오는 웃으면서 그런 일은 전혀 없다고 부정했다.

"이걸 좀 봐주십시오."

다츠야는 금전소비대차계약서 복사본을 마스오의 눈앞에 놓았다.

"마다라메 씨가 고문변호사인 후지우치 씨에게 보낸 계약서입니다."

"이걸 어디서 입수했나?"

"마다라메 씨가 팩스를 보냈을 때 에러 메시지가 뜬 걸 마리 과장이 보고 챙겨놓은 겁니다."

마스오는 그 종이를 건성으로 훑어보고는 아무렇게나 책상에 던졌다.

"사인도 없고 인감도 없는 계약서 따위를 뭘 보고 믿는 건가? 이건 그냥 쓰레기야."

방금 전의 미소 띤 표정은 온데간데없이 사라지고 마스오는 불쾌하기 짝이 없다는 눈길로 마리를 노려보았다.

"난 믿을 수 없네. 물론 마나카 전무한테는 많이 실망했지. 하지만 그 사람은 내 사촌 형이야. 나한테 비밀로 하고 이런 계약서에 사인했을 리가 없어."

"그럼 만약을 위해 마루가메 지점장에게 확인해보시면 어떨까요?"

다츠야가 말했다.

"그런 일로 지점장을 번거롭게 하고 싶지 않아."

딱 부러지게 거부하는 마스오의 목소리에는 분노가 슬쩍 비쳤다.

"그럼 제가 확인해보죠."

다츠야는 휴대전화로 간토비즈니스은행의 마루가메 지점장의 직통 전화번호를 눌렀다. 전화는 금방 연결되었다. 다츠야는 휴대전화를 귀에 대며 마스오의 표정을 살폈다. 마스오의 얼굴에는 얼핏 보기에도 불안한 기색이 점점 퍼지고 있었다.

결국, 마스오는 손을 뻗어 휴대전화를 가로챘다.

"제이피의 마스오입니다."

수화기 너머로 마루가메의 냉랭한 목소리가 새어나왔다.

"아, 사장님이십니까. 마침 잘 되었네요. 그러지 않아도 연락드리려던 참이었습니다."

마루가메는 마스오가 두려워하고 있던 일을 말했다.

"귀사가 연대보증인이 되어 있는 미쓰사와부동산 건입니다."

"미쓰사와부동산······."

마스오의 표정이 딱딱하게 굳어지면서 전화를 받는 오른손이 가늘게 떨리기 시작했다.

"그 건으로 이쪽으로 와주셨으면 하는데요."

"아, 알겠습니다······."

파랗게 질린 얼굴의 마스오는 휴대전화를 다츠야에게 돌려준 뒤 머리를 감싸 쥐고 한동안 말을 잇지 못했다.

"마나카 전무가 서명했나?"

마스오는 가까스로 얼굴을 들고는 힘없이 다츠야에게 물었다.

"그렇습니다. 마나카 전무가 두고 간 달갑지 않은 선물이죠."

다츠야는 마리가 한 말을 그대로 인용했다.

"다츠야 부장, 은행에 함께 가주게."

마스오는 이제부터 무슨 일이 터질지 모른다는 불안감에 억눌려 심장이 터질 것 같은 표정이었다.

불안이란 가까운 미래를 예측할 수 없어서 생기는 감정이다.

가까운 미래를 예측할 수 있다면 불안을 불식할 수 있으며 뒤통수를 얻어맞는 일도 방지할 수 있다. 그런데 마스오는 예측은커녕 제이피의 현 상황조차 객관적으로 파악하지 못하고 있었다.

마루가메 지점장은 제이피의 엄청난 채무를 마스오의 눈앞에 들이밀고 앞으로 어떤 식으로 대출상환을 할 것인지 사정없이 몰아붙일 것이다. 하지만 다츠야는 납득할 만한 설명을 마스오가 할 수 있으리라는 기대는 일찌감치 접었다.

만약 마스오가 혼자서 간토비즈니스은행에 가서 인정사정없는 마루가메 지점장의 질문에 횡설수설하거나 아니면 경영자로서 심사숙고해야 할 회사의 앞날에 대해 생각이 없다는 사실을 그쪽이 알아차린다면 결과는 불 보듯 뻔했다.

은행은 조기 상환을 요구할 것이다. 다시 말해 신규 대출을 일체 중지하고 아직 상환 기한이 도래하지 않은 대출금을 조기에 회수하려 들 것이다.

얼마 전의 주주총회에서 분식결산이 발각된 이후 간토비즈니스은행은 추가 대출을 거절하는 식으로 이미 소극적인 대출 규제에 들어갔다.

지금도 힘든 데 조기 상환을 요구받는다면 제이피는 파산할 것이다. 다츠야는 그 사태만은 무슨 일이 있어도 막아야 한다고 생각했다.

간토비즈니스은행은 마스오와의 면담 결과에 따라서 향후 방침을 정하려는 심산이다. 그렇다면 제이피의 운명은 오늘 오후에 판가름날 것이다.

마스오의 한심한 모습을 보면서 다츠야는 오히려 온몸이 뜨거워졌다.

'한번 승부를 가려보자!'

"사장님, 지금 준비하시죠."

"준비라니…… 난 뭘 하면 되지?"

"마루가메 지점장의 예상 질문을 뽑아서 상대방을 실망시키지 않는 대답을 할 수 있도록 준비해두셔야 합니다."

자세한 이야기는 나중에 다시 설명하면 되니까 중요한 것은 사장으로서 제이피의 현 상태를 정확하게 파악하고 있으며 이 절체절명의 위기를 타개할 방책을 진지하게 검토하고 있다고 전달하는 거라고 다츠야는 힘주어 말했다.

"그렇군. 그렇게 생각할 수도 있겠네……."

다츠야가 혼신의 노력을 다해 설명하는데도 불구하고 마스오는 마치 남의 일처럼 말했다.

"마리 과장, 은행 면담 전에 몇 가지 자료를 좀 준비해줘. 회사일은 자네가 제일 잘 알고 있으니까."

그러자 마스오는 엉뚱한 사람을 거론했다.

"회사 일에 가장 밝은 사람은 다나카 씨 아닌가? 그 사람은 회계 자료를 혼자서 만들었어."

'이 사람은 정말 아무것도 모르는구나…….'

다츠야는 마스오의 초점을 벗어난 의견에 이젠 불쾌감마저 느껴졌다. 회계를 열등한 분야로 폄하하던 마다라메와 마나카의 지시로 만든 회계자료 따위가 도움이 될 리가 없다는 걸 다츠야는 잘 알았다. 다나카는 쓸모없는 자료를 그저 시키는 대로 만들었을 뿐이었다.

다츠야가 지금 원하는 것은 벼랑 끝에 몰린 제이피를 안전한 곳으로 피신시킬 수 있는 회계자료였다.

"죄송하지만, 자료는 마리 과장에게 맡기겠습니다."

"그래? 그렇다면 알겠네. 어차피 은행에 설명할 사람은 자네니까 말이야."

마스오는 또 무책임한 말을 내뱉었다.

그러나 다츠야는 담담하게 마리를 보며 말했다.

"마리 과장, 먼저 분식한 금액을 제대로 수정한 최신 재무상태표를 준비해줘. 이때 재고와 외상매출금은 보수적으로 평가한 금액으로 바꾸도록."

"보수적이요……?"

마리가 낯선 용어에 고개를 갸웃했다.

"예를 들면 원가가 1만 엔인 제품이 1천 엔에 판매되었다면 그 평가액을 1천 엔으로 하는 거야. 회수 가능성이 없어 보이는 외상매출금은 채권금액을 제로로 계산하는 거지."

"알겠습니다. 그 밖에 준비할 건 없나요?"

"최근의 차입금과 채무보증액도 조사해. 금액은 백만 엔 단위로 작성하면 될 거야. 오후 1시에 예정된 은행 면담 때까지 외워둬야겠어."

마리는 다츠야의 지시사항을 메모하고 나서 서둘러 사장실을 나갔다.

업무 지시를 끝낸 다츠야는 마스오에게 말했다.

"사장님께 여쭤보고 싶은 게 있습니다."

"나한테?"

"아까도 말씀드렸지만, 은행은 어떤 방법으로 제이피를 일으켜 세울 것인지 꼭 질문할 겁니다. 그러니 사장님의 생각을 미리 정리하셨으면 합니다."

마스오는 불안한 어조로 이렇게 대답했다.

"그렇게 간단히 생각이 정리되겠나? 너무 갑작스러운 사안이니까 저쪽도 우리가 제대로 준비할 시간이 없다는 건 잘 알고 있을 거야. 앞뒤가 조금 안 맞아도 뭐라고 하진 않을 거야."

다츠야에게는 지금 마스오의 마음속이 엑스레이 사진처럼 훤히 보였다. 여기 있는 2대째 사장은 지금까지 내키지 않는 일은 전부 타인에게 떠넘기고 단 한 번도 전장에 나가 진두지휘한 적이 없었다. 그런 사람이 무슨 힘이 있어서 이 난국을 헤쳐나가겠는가.

"알겠습니다. 사장님의 생각이 그렇다면 더 이상 드릴 말씀이 없습니다."

이렇게 말하고 다츠야는 사장실을 떠났다.

다츠야의 전략

"대체 아는 게 뭐가 있어?"

다츠야는 팔걸이가 있는 의자에 깊숙이 등을 기대고 천정을 보았다.

제이피의 운명이 결정되는 그야말로 중대국면인 이 사태를 사장인 마스오는 여전히 남의 일처럼 생각하고 있다. 예전의 다츠야였더라면 "될 대로 되라. 나도 모르겠다."라며 퉁퉁 부은 얼굴로 횟술을 들이켰을 것이다.

하지만 CFO가 된 지금은 달랐다. 다츠야는 은행 면담에서 역전타를 날릴 방법이 없는지 모색했다.

"호소야 마리 과장."

다츠야는 일부러 마리의 직함을 불렀다. 경리부의 남자직원들이 마리의 승진을 고깝게 본다는 것을 다츠야도 알고 있기 때문이었다. 그러나 제이피에서 일하는 한 그들의 상사는 엄연히 마리이며 마리의 지시는 곧 상사의 지시다. 만약 그 지시를 무시한다면 결코, 용서치 않을 것이다. 다츠야는 그런 생각을 담아 마리를 부를 땐 꼭 직함과 함께 부르기로 했다.

또한 마리가 하루 빨리 연매출 100억 엔인 회사의 경리과장으로서 제 몫을 다하길 바랐다.

하지만 그건 쓸데없는 걱정이었다. 마리는 방금 인쇄한 A4용지를 다츠야에게 건네며 설명했다.

"이건 분식결산을 바르게 수정한 재무상태표입니다. 주요 자산은 외상매출금이 14억 엔, 재고자산이 20억 엔, 비유동자산이 61억 엔입니다.

그리고 주요 부채는 차입금이 43억 엔과 외상매입금 등이 24억 엔, 순자산은 32억 엔입니다. 영업부장님의 설명에 따르면 외상매출금에는 회수 가망성이 없는 불량채권이 4억 엔 정도 포함되어 있다고 합니다. 그리고 20억 엔의 재고자산은 전혀 가치가 없으므로 처분할 수밖에 없다고 하더군요."

"그놈들, 겨우 2억 엔의 이익을 짜내려고 24억 엔이나 헛돈을 썼단 말인가……."

다츠야가 내뱉듯이 말했다. 마리는 계속 설명을 이어갔다.

"공장 두 개를 매각했을 때 예상금액이 어떻게 될지 미사와 상무님이 견적을 내보았습니다."

"그래서 얼마가 나왔다고 하던가?"

"매각할 경우 아이치 공장이 20억 엔, 나가노 공장은 많이 잡아야 5억 엔이라고 합니다."

"무슨 말인지 알겠군. 재무상태표에서 비유동자산은 61억 엔으로 나와 있지만 그건 창고에서 먼지를 뒤집어쓴 로봇 나부랭이도 포함되어 있으니까 그런 것들을 매각하게 된다 이거군. 그렇다면, 회사 문을 닫고 47억 엔의 현금을 마련해 외상매입금을 갚을 경우, 수중에 남는 돈은 23억 엔밖에 안 돼. 그걸 차입금 상환에 전부 쏟아 부어도 20억 엔(43억 엔-23억 엔)이란 부채가 남는군. 그리고 미쓰사와부동산이 상환하지 못한 채무 18억 엔을 더하면… 38억 엔의 빚만 남는다는 거네."

"이대로 가면 제이피는 도산하겠군요……."

❖ 제이피의 수정 후 재무상태표

	장부가액	매각 시가	매각후장부가액	정산BS
[자산]				
I. 유동자산	불량채권 4억 엔 포함			4억 엔
현금및현금성자산	170	170	4,661	0
외상매출금	1,391	991	0	
원재료	0	0	0	
재공품	2,012	0	0	
제품	100	0	0	
기타 유동자산	100	0	0	
유동자산 합계	3,773	1,161	4,661	0
II. 비유동자산				
건물	1,400	3,500	0	0
기계장치	1,700			
기구비품	500			
차량운반구	210			
토지	1,500			
투자자산	800			
비유동자산 합계	6,110	3,500	0	0
자산 합계	9,883	4,661	4,661	0
[부채]				
I. 유동부채	24억 엔			
외상매입금	1,569	1,569	1,569	0
미지급금	800	800	800	0
단기차입금	825	825	825	0
유동부채 합계	3,194	3,194	3,194	0
II. 비유동부채	43억 엔			
장기차입금	3,510	3,510	3,510	2,043
부채 합계	6,704	6,704	6,704	2,043
[자본]				
자본 합계	3,179	-2,043	-2,043	-2,043
부채 및 자본 합계	9,883	4,661	4,661	0

제로(0)! 20억의 재고가치는

32억 엔

정산 후 차입금 잔액	2,043
미쓰사와부동산의 채무	1,800
제이피의 채무	3,843

38억 엔의 채무 초과

마리의 말에 다츠야는 묵묵히 고개만 끄덕였다.

간토비즈니스은행

오후 1시. 마스오와 다츠야는 간토비즈니스은행의 고마고메 지점에 도착했다. 접수원이 두 사람을 응접실로 안내했다.

얼마 후 마루가메 지점장이 독수리처럼 날카로운 눈을 한 중년 남자와 함께 들어왔다. 남자는 한쪽 팔로 끌어안고 있던 두툼한 파일을 테이블에 내려놓고는 미소도 없이 마스오와 다츠야에게 명함을 건넸다.

하지만 겉보기와는 달리 남자의 어조는 부드러웠다. 긴장한 나머지 얼굴 근육이 딱딱하게 뭉쳐 있던 마스오는 남자의 어조에 점차 표정을 누그러뜨리며 받은 명함에 눈길을 주었다. 명함에는 '대출부서총괄본부장 고와다 히로시'라고 적혀 있었다.

고와다는 오늘 회의를 위해 본점에서 여기까지 왔다고 말했다.

"전화로도 말씀드렸지만 미쓰사와부동산의 도산으로 인해 연대 보증인인 귀사에 대해서 대략 18억 엔의 채권이 발생했습니다. 예전에 대출하신 43억 엔과 합하면 61억 엔입니다. 말할 것도 없이 대단한 액수죠. 앞으로 어떤 방법으로 상환하실 건지 말씀을 듣고자 이렇게 먼 걸음을 하시게 했습니다."

고와다의 눈이 번뜩였다. 갑자기 핵심을 찌른 질문에 마스오는 우물쭈물했다.

"61억 엔 말이지요……."

겨우 운을 뗐지만, 말이 이어지지 않는다.

"그렇습니다. 61억 엔을 어떤 방법으로 언제까지 상환하실 수 있는지 여쭙고 있습니다만."

"그 건에 대해선…… 우리 회사 경리부장이……."

"전 경리부장이 아니라 마스오 사장님의 생각을 듣고 싶은 겁니다."

고와다는 마스오의 말을 가로막고 대답을 재촉했다. 그러자 마스오의 얼굴에서 핏기가 사라지는 모습을 다츠야는 똑똑히 볼 수 있었다.

"차입금은 열심히 해서 상환하겠습니다……."

간신히 한 말을 듣고 고와다는 자신도 모르게 피식 웃었다.

"'열심히'라고 해도 요즘이 좀 불황입니까? 43억 엔의 대출에 대해선 요즘의 부동산 가격하락의 여파로 이미 담보가치가 모자란 상태입니다. 그러니 신규 대출은 앞으로 없다손 치고 향후 방침을 들려주십시오."

"그 건에 대해선……."

마스오는 횡설수설할 뿐 할 말을 찾지 못했다.

그런 마스오에게 마루가메 지점장이 확인사살을 했다.

"요즘 경제상황은 점점 악화되고 있습니다. 그렇지 않아도 자금운용에 힘겨워하는 귀사가 이번 미쓰사와부동산 건으로 더욱더 무거운 짐을 떠안게 되었단 말입니다. 고와다 본부장님도 저도 그 점을 우려하고 있습니다. 정말로, 괜찮은 겁니까?"

"……."

마스오는 다츠야가 구원의 손길을 뻗어주기를 기다렸다. 하지만 다츠야는 마스오를 무시하듯이 팔짱을 끼고 눈을 감은 채 입을 열지 않았다. 응접실은 쥐죽은 듯 조용했다. 장식대에 놓인 시계 초침만이 째깍째깍 소리를 내며 움직일 뿐이었다. 보다 못한 마루가메 지점장이 강한 어조로 대답을 재촉했다.

"마스오 사장님, 귀사는 지금 차입금의 늪에 빠져 있습니다. 게다가 영업활동 현금흐름은 적자입니다. 사업을 하면 할수록 돈이 부족해지는 상황이란 말입니다. 넋 놓고 있다간 파산입니다!"

그러자 오히려 그 말이 나오기를 기다렸다는 듯이 다츠야가 말했다.

"제이피는 파산하지 않습니다. 제가 제이피를 1년 안에 일으켜 세울 겁니다. 그러니 하루만 더 기다려주십시오."

"다츠야 부장님."

고와다는 다츠야의 명함을 보면서 말했다.

"다츠야 부장님에 대해선 마루가메 지점장으로부터 잘 들었습니다. 제이피의 부정부패를 일소한 주인공이라지요? 하지만 사실상 파산 상태인 회사를 일으켜 세우는 건 그리 간단한 일이 아닙니다."

"반드시 해내겠습니다. 24시간 뒤에 사업계획서를 갖고 오겠습니다. 만약 계획서가 불만족스러우시다면 그때는 어떤 처분이라도 달게 받겠습니다."

한 치의 망설임도 없는 목소리였다.

"제 경험에서 말씀드리자면 사업계획서를 하루 만에 완성한다는 건 있을 수 없는 일입니다. 다츠야 부장님, 진심입니까?"

"물론입니다!"

다츠야는 단언했다.

다츠야의 기세에 눌렸는지 고와다가 "좋습니다. 기다려보죠."라고 대답했다. 그러자 마루가메가 당황한 표정으로 대화에 끼어들었다.

"본부장님, 정말 그렇게 하실 겁니까? 다츠야 부장님, 이유는 말할 수 없지만 여기서 24시간을 기다린다는 건 고와다 본부장님으로서는 대단히 어려운 결단입니다."

'그게 무슨 뜻일까······.'

마루가메 지점장이 '어려운 결단'이라고 하는 걸 보면 은행은 이미 제이피를 잘라버리기로 결정했다는 이야기다. 고와다 본부장은 리스크를 각오하고 24시간을 더 기다리기로 한 것이다.

"사업계획에 대해선 제가 책임지고 판단하겠습니다."

고와다의 날카로운 시선이 다츠야를 찔렀다.

제이피 사장실

고와다의 말에 완전히 지쳤는지 마스오는 본사에 돌아온 후에도 한마디도 하지 않았다. 마스오는 태어나서 지금까지 단 한번도 남에게 비판받은 적이 없었다.

일류 은행의 대출부서에서 산전수전 다 겪은 고와다는 한눈에 마스오가 바지 사장임을 간파했다.

하지만 고와다는 시종일관 마스오를 제이피의 대표이사 사장으로서 예우했다.

게다가 다츠야가 사업계획서를 제출할 테니 하루만 기다려달라고 사정하자 고와다는 주저하면서도 받아들였다.

다츠야는 제이피에게 회생 가능성이 조금이라도 있다면 고와다가 다시 기회를 줄 것이라고 생각했다. 고와다의 기대를 저버리지 않기 위해서라도 기필코 사업계획서를 완성해야겠다고 다츠야는 굳게 마음먹었다.

"사장님, 미사와 상무님과 마리 과장을 불러주십시오."

두 사람이 사장실에 도착하자 마스오는 오늘 있었던 일을 모기만한 목소리로 간신히 이야기했다.

"간토비즈니스은행의 고와다 본부장이 앞으로 제이피를 어떻게 할 생각이냐고 몰아붙이더군요. 회사를 접고 어머니와 내 자산을 전부 팔아도 61억 엔이란 차입금을 어떻게 갚을지……."

"은행은 도와주겠다고 하진 않나요?"

마리가 걱정스레 물었다.

"도와주기는커녕 우리 회사에서 바로 손 뗄 분위기였네. 하지만 다츠야 부장이 24시간만 더 기다려달라고 요청했네."

마스오는 잠긴 목소리로 말했다.

"마루가메 지점장은 사업계획을 24시간 내에 제출하는 건 불가능하다고 했지. 하지만 다츠야 부장은 틀림없이 사업계획서를 내겠다고 단언했어. 그러자 본사의 고와다 본부장이 기다리겠다고 약속해주었다네. 죽다 살아난 기분이야……."

마스오는 목이 메었다.

그러자 미사와가 다츠야에게 물었다.

"다츠야 부장, 자네와 함께 일을 한 지 1년이 안 되었지만, 자네가 허풍을 떠는 사람이 아닌 건 잘 알고 있네. 정말로 하루 만에 사업계획을 짜고 제이피를 1년 만에 소생시킬 자신이 있는 거지?"

"물론입니다."

다츠야는 가슴을 펴고 대답했다. 하지만 마리도 다츠야의 말이 믿어지지 않았다.

"제이피는 연간 영업활동 현금흐름이 1억 엔이나 적자입니다. 그리고 자산을 전부 매각해도 은행 차입금을 상환할 수 없다고 방금 말씀하셨잖아요. 그런데도 자신이 있단 말씀인가요?"

그러자 다츠야는 마리에게 웃는 얼굴로 이렇게 말했다.

"마리 과장, 난 예전에 우사미 스승님으로부터 이런 이야기를 들은 적이 있어. '인간을 뼈와 살로 조각조각 해체해서 팔면 얼마 받을 수는 없어. 하지만 인간에겐 무한한 가능성이 있네. 그리고 회사도 그렇다네.'라고 말이야."

"회사도…… 말인가요?"

"그래. 제이피를 조각조각 해체해서 현금으로 바꾸어도 차입금을 갚으면 한 푼도 남지 않아. 하지만 사장님, 저는 제이피를 살아 있는 인간과 똑같다고 생각합니다. 지금은 병이 들어 몸이 약해졌을 뿐이에요. 건강을 되찾으면 제이피가 창출할 가치는 50억 엔 같은 푼돈이 아닙니다. 500억 엔, 방법에 따라선 1,000억 엔도 될 수 있습니다. 미사와 상무님, 제 말이 틀립니까? 상무님이 발명한 지적재산의 가치는 지금의 제이피를 벼랑 끝에서 끌어올리고도 남지 않습니까?"

다츠야는 열정적으로 호소했다.

그러자 미사와가 밝은 목소리로 말했다.

"회사와 인간은 똑같다……. 확실히 그 말이 맞아. 나도 분발하겠네."

사장실의 분위기가 확 달라졌다.

다츠야는 재킷 안주머니에서 A4 종이 한 장을 꺼내더니 테이블에 펼쳐놓았다. 그 종이에는 빨간색과 검은색 색연필로 쓴 숫자와 글자가 빽빽이 채워져 있었다.

"사업계획서 초안입니다. 우선 외과수술을 시행해서 체력이 회복되길 기다렸다가 내과 치료를 시행합니다."

다츠야가 말하는 외과수술이란 군살을 잘라내는 작업이다. 다시 말해 채산성이 없는 사업에서 손을 뗀다. 이는 직원 해고를 초래하지만, 제이피를 살리기 위해선 감수해야 하는 일이었다.

"방금 영업부장님에게 물어봤는데 아무래도 도쿄에 거점을 두고 싶다고 하더군요. 그래서 임대료가 비교적 저렴한 우라타 부근의 사무실을 찾을 생각입니다. 그리고 공장에 대해선 미사와 상무님의 생각을 먼저 듣고 나서 결정하고 싶습니다."

"이미 생각해 둔 게 있을 텐데 뭘 그러나. 자네 생각을 들려주게."

"그럼 솔직하게 말씀드리겠습니다. 전 한시라도 빨리 아이치 공장을 매각하고 생산거점을 나가노의 시오지리 시에 집결해야 한다고 생각합니다. 나가노 공장이라면 유지비도 적게 들고 그 부근에 수준 높은 외주공장이 많이 있으니까요. 가네코 씨가 나가노 공장에 와줄지가 문제입니다만."

그러자 미사와가 청년처럼 힘찬 목소리로 말했다.

"걱정하지 말게. 질질 끌고서라도 나가노로 데려가겠네!"

"마리 과장의 생각은 어떤가?"

다츠야는 마리의 의견을 물었다.

"채산성이 나쁜 사업에서 손을 떼는 건 찬성입니다. 부장님은 손해를 각오하고 비유동자산을 현금화해서 차입금 상환에 충당하고, 그와 동시에 고정비를 삭감해서 회사의 군살을 깎아낼 생각이시군요. 하지만 솔직히 그게 성공할지 걱정이에요……."

마리는 불안함을 드러내며 다츠야를 보았다.

"성공한다고 보장할 순 없습니다. 이런 경험은 저도 처음이니까요. 하지만 이제 물러설 순 없습니다."

간토비즈니스은행 응접실

"자네는 업무명령을 뭐로 보는 건가!"

간토비즈니스은행 이사대출부장인 사코타 고로는 부하직원인 고와다를 매섭게 질책했다.

"자네와 마루가메 지점장과 나, 셋이서 방금 회의를 하지 않았나! 제이피는 자금이 바닥난 상태이고 회사 내부도 혼란스럽기 그지없어. 게다가 연대보증을 선 곳이 도산했지. 오늘이 제이피에서 손을 뗄 절호의 기회였는데……."

하지만 고와다는 전혀 기죽지 않고 당당하게 대답했다.

"말대답처럼 들릴지도 모르겠지만 전 은행의 소임은 기업 지원이라고 믿습니다. 제이피가 요주의 대출처란 것은 저도 잘 압니다. 하지만 상대방의 혼란을 틈타 조기 상환을 요구하는 건 옳지 않다고 봅니다."

"지금 태평하게 그런 말을 할 때가 아니야. 자네도 잘 알면서 왜 이래!"

사코타는 짜증을 감추지 않고 말했다. 금융 환경이 급속도로 악화되고 있음을 가리킨 것이다.

금년 들어 도산한 회사가 급격히 늘어났다. 원인은 명백했다. 원유, 식료품 가격이 줄줄이 급등하면서 주요 원자재 가격이 인상되기 시작했다. 이미 회사 내부의 노력만으로는 헤쳐나갈 수 없는 지경이 되었다. 엎친 데 덮친 격으로 미국발 금융위기가 전 세계를 덮치면서 매출액이 급감했다. 그 결과 수많은 기업의 자금 사정이 악화되었다. 이렇게 자금 회전이 어려운 대출처가 무더기로 늘어났고 자연히 은행 경영 사정도 악화된 것이다.

그렇기 때문에 파산이 자명한 회사에 추가 대출을 해줄 순 없었다. 게다가 은행 간의 거래도 축소되어 자금조달이 더욱 어려워진 판국이었다. 이상론을 들먹일 상황이 아닌 것이다.

"고와다 본부장, 자네는 은행과 대출처 중에 어느 쪽이 더 중요한가?"

사코타는 험악한 어조로 물었다.

"우리도 살아남기 위해 필사적이라는 건 잘 알고 있습니다. 더구나 제이피는 이미 담보초과인데다 마스오 사장의 역량으론 회사 실적이 회복될 가망성이 보이지 않는 상태죠.

하지만 이건 순전히 제 개인적인 직감입니다만, 단 다츠야란 청년에겐 어딘지 불가사의한 매력이 있어요. 다츠야라는 젊은 경리 담당이사에게 기대해보자는 생각이 들었습니다. 제게 24시간 후에 사업계획서를 제시할 테니 그것을 보고 판단해달라고 하더군요. 단 하루 만에 절 설득할 수 있는 계획서를 만들겠다고 자신만만하게 단언했습니다. 전 기다려보고 싶습니다."

고와다는 솔직한 심정을 털어놓았다. 그건 은행원으로서의 확고한 신념이기도 했다. 하지만 그 말은 사코타의 초조함을 키울 뿐이었다.

"그 24시간이 우리 은행에겐 아주 중요하니까 문제지."

겨우 24시간을 기다리기가 왜 그렇게 힘든 일인지 고와다는 영문을 알 수 없었다.

"자네한텐 말하지 않았지만 실은 미국 투자펀드사의 일본 지사장으로부터 직접 내게 전화가 걸려왔네. 제이피의 채권을 액면가로 매수하고 싶다고 요청하더군. 현재 제이피의 채권은 액면가의 10~20%가 적정이라고 평가하고 있었는데 말일세. 단, 답변 기한은 오늘 3시까지였네. 만약 답변이 없다면 그 이야기는 없던 걸로 하겠다고 쐐기를 박더군."

사코타는 그렇게 말하며 손목시계를 보았다.

"이미 3시가 지나버렸군. 이로써 천재일우의 기회가 날아가 버렸네……."

어깨를 축 늘어뜨린 사코타에게 고와다가 말했다.

"부장님 말씀을 이해할 수가 없습니다. 그 투자펀드는 액면가의 10~20% 정도의 가치밖에 없는 불량채권을 액면가 그대로 사고 싶다고 하고, 단 하루 만에 대답하라고 요구했단 말입니까? 그렇게 급하게 일을 진행할 이유가 대체 뭘까요?"

"나도 그게 궁금하네."

사코타는 팔짱을 끼고 생각에 잠겼다.

린다의 속셈

간토비즈니스은행.

그날 저녁. 간토비즈니스은행의 주차장에 검은색 메르세데스 벤츠 한 대가 들어오더니 멈춰섰다. 뒷좌석에서 내린 검은 머리의 젊은 여자를 사코타와 고와다가 맞이했다. 세 사람은 엘리베이터를 타고 10층에 있는 임원 회의실로 올라갔다.

회의실로 들어가자 여자는 두 사람에게 명함을 내밀었다. '마인슬리 일본지사장 이미려'라고 적혀 있었다. 사코타와 고와다는 지사장이 생각보다 젊은 것에 한 번 놀라고 지적이면서도 모델 뺨치는 스타일에 두 번 놀랐다.

"중국인이신가요?"

"상하이 토박이에요."

여자는 미소를 지으며 완벽한 일본어로 말했다.

"이 지사장님……."

사코타가 말을 건네자 여자가 "린다라고 불러주세요."라고 말하며 다시 한 번 입꼬리를 올렸다.

사코타는 그 미소에 재촉당한 듯이 말을 이었다.

"알겠습니다, 린다 씨. 실은 제이피의 채권매각 건 말입니다만, 조금만 더 기다려주실 수 없겠습니까?"

"저희가 제시한 조건이 불만족스러우신가요?"

린다는 유감스럽다는 표정을 지었다.

"그렇지 않습니다. 저희들로서도 무척 반가운 요청입니다만, 너무 갑작스러운 이야기여서 아직 본부 승인이 나지 않은 상태입니다. 앞으로 하루만 더 기다려주실 수 없을까요……."

사코타는 어떻게든 그 자리를 원만하게 마무리하려고 했다. 하지만 린다는 사코타의 표정이 슬쩍 바뀌는 것을 놓치지 않았다.

"전 이해를 못하겠네요. 어제 사코타 씨와 전화로 이야기했을 땐 매각이 가능하다고 확실하게 약속하셨지요. 저희도 갑작스러운 이야기인 줄 잘 알기 때문에 액면가 그대로 매수하겠다고 제시한 겁니다. 혹시 사코타 씨는 본부의 결제가 나지 않은 단계에서 저와 구두로 약속하셨다는 건가요? 아니면 마음이 변하신 거라고 보면 될까요?"

린다의 얼굴에서 미소가 사라졌다.

두 사람의 대화를 듣고 있던 고와다가 입을 열었다.

"어째서 귀사는 제이피의 채권을 그렇게 서둘러서 매수하시려는 건가요?"

린다는 테이블 위에 놓인 고와다의 명함에 흘깃 시선을 주고는 이렇게 말했다.

"고와다 씨, 그건 기업비밀이므로 답변할 수 없습니다. 그 대신 하루만 더 기다려주지요. 만약 내일도 똑같은 대답이시라면 저희 회사는 앞으로 귀 은행을 적으로 간주하겠어요. 그것만은 명심하시길."

린다는 그 말을 남기고 자리를 떴다.

마케팅과 이노베이션

제이피 본사 경리부.

마리는 사장실에서 한발 먼저 경리부로 돌아가 일을 하며 다츠야가 오기를 기다렸다. 경리부 직원들은 이미 퇴근하고 없었다. 시곗바늘이 밤 10시를 조금 지났을 무렵이었다. 다츠야가 불그스름한 얼굴로 돌아왔다. 다츠야의 기분이 한껏 고양되어 있다는 게 느껴졌다.

다츠야는 의자에 앉자마자 두툼한 재무제표 파일을 책상에 펼쳐놓고 팔짱을 낀 채 생각에 잠겼다. 때때로 자리에서 일어나 창밖을 응시하기도 했지만, 마리에게 말을 걸진 않았다.

다츠야의 몸에서 발산되는 정체 모를 강렬한 기운이 사무실을 가득 채웠다.

그토록 씩씩한 마리도 답답해져서 잠깐 자리를 비우겠다며 밖으로 나갈 정도였다.

잠시 후 마리가 커피를 사 가지고 돌아오자 다츠야는 엘리베이터 로비까지 울려 퍼지는 커다란 목소리로 통화를 하고 있었다.

"그럼 내일 아침 7시까지 메일로 보내주십시오. 기대하고 있겠습니다."

마리는 종이 봉지에서 커피를 꺼내어 다츠야에게 건네주었다. 조금 전까지 다츠야에게 감돌던 긴장감은 온데간데 없었다. 다츠야는 구김살 없는 미소를 지으며 기분 좋게 커피를 받아들고는 이렇게 말했다.

"완성했어."

다츠야는 커피를 한 모금 마셨다.

"뭘…… 말인가요?"

"사업계획이지 뭐긴 뭐야. 이제 은행을 설득할 수 있어."

"사업계획서가 어디에 있는데요?"

마리는 다츠야의 책상 주변을 둘러보았다. 사업계획서 같은 건 전혀 보이지 않았다. 컴퓨터 화면도 꺼져 있다.

그러자 다츠야는 "바로 여기에 있지." 하고 말하며 자신의 머리를 가리켰다.

"우사미 스승님의 수업이 생각났어. '경영 목적은 마케팅과 이노베이션(Inovation)을 통해 고객을 만들어내는 것이다.' 라고 배웠지.

난 졸업 후에도 줄곧 그 말의 의미를 생각하곤 했어. 제이피의 강점은 마이크로스위치 기술이야. 그러니까 마이크로스위치에 집중해야 해.

하지만 현실은 경쟁력 없는 가변저항기와 커넥터에 밑 빠진 독에 물 붓기 식으로 돈을 쏟아 부었어. 특허를 활용한 제품을 만들어서 판매하는 게 아니라 특허권을 빌려주는 것으로 수입을 얻었지. 하지만 그것은 황금알을 낳는 거위를 경쟁 상대에게 빌려주는 거나 진배없는 행동이야. 이노베이션의 싹을 스스로 자른 거라고."

다츠야가 내뱉듯이 말했다.

"이노베이션……이요…?"

마리는 다츠야의 말을 되뇌었다. 이노베이션이라는 말을 들은 적은 있다. 하지만 그게 무슨 뜻이고 왜 중요한지는 모른다.

"이노베이션이란 의미는 말이지, 단순히 새로운 기술을 발명하는 게 아니야. 지금까지 존재하던 것이나 시스템 등에 완전히 새로운 기술이나 생각을 집어넣어서 새로운 가치를 창출하고 사회에 커다란 변화를 일으키는 걸 말해. 우사미 스승님은 이 생각을 회사경영에도 적용하라고 말씀하셨지."

마이크로스위치는 자동차부품, 컴퓨터, 측정기, 제어장치, 산업용 로봇 등 다양한 제품에 들어간다. 제이피는 마이크로스위치에 관련된 최첨단 기술의 특허를 여러 개 소유하고 있다. 하지만 지금까지는 그 특별한 기술력을 회사경영에 충분히 활용하지 못했다.

"마리, 질문을 하나 하지. 우리나라에는 뛰어난 기술력을 가진 중소기업이 무척 많아. 그 회사가 사라지면 세계적으로 심각한 영향을 끼칠 거라고 할 정도이지. 하지만 그 회사에서 일하는 직원들이나 사장은 경제적으로 풍요로울까? 보통은, 대기업 부장이 중소기업 사장보다 풍족한 생활을 하고 있어. 참 이상한 일이라고 생각하지 않아?"

다츠야는 마리를 '마리 과장'이 아니라 '마리'라고 불렀다.

다츠야의 지적은 핵심을 찌르고 있었다. 일본은 전국 곳곳에 세계최고의 기술을 가진 강소기업의 공장들이 있다. 마리의 고향에도 공장이 있다. 하지만 마리가 보기에도 낡고 지저분한 작업장과 거기서 기름때를 묻히며 일하는 사장과 직원들을 보면 그 회사가 돈을 잘 버는 것 같진 않았다.

"우수한 기술을 갖고 있어도 중소기업은 그 기술이나 노하우를 돈으로 바꾸는 시스템이 없어. 즉 이익 모델이 없으니까 아무리 세월이 지나도 더 이상 성장하지 못해. 제이피도 마찬가지고."

"기술이 있어도 돈으로 바꿀 수 없다면 그 기술은 의미가 없다……. 그게 제이피의 약점이군요. 기술을 돈으로 바꾸는 방법을 발견한다면…… 제이피는 반드시 회생한다. 그런 말씀이시죠?"

"맞아. 난 이익 모델을 생각해냈어. 그래서 내 아이디어가 실현 가능한지 방금 전화로 아이치 공장으로 돌아간 미사와 상무님한테 여쭤봤지. 그랬더니 기술적으로 가능하다고 하셨어. 지금 상무님은 가네코와 상세 내용을 확인하는 중일 거야. 내일 아침 7시까지 답변을 주신다는군."

다츠야가 활기찬 목소리로 말했다.

"그럼, 마케팅이란 뭐죠?"

"마리는 뭐라고 생각해?"

다츠야가 되물었다.

"제품을 고객에게 판매하는 것…… 아닌가요?"

마리는 우물우물 대답했다. 그러자 다츠야는 고개를 크게 옆으로 내저었다.

"그 반대야. 즉 판매활동이라는 행위를 없애는 거야."

판매활동을 없애면 어떻게 제품을 팔지? 마리는 혼란스러웠다.

"영업부가 판매활동을 하지 않으면 회사가 망할 텐데요?"

"아니, 그렇지 않아. 제품을 파는 게 아니라 그냥 앉아 있어도 제품이 팔리는 시스템을 만드는 게 마케팅이야."

"팔리는 시스템을 만든다고요? 부장님은 그 시스템을 생각해내신 건가요?"

"물론이지. 지금부터 내가 하는 말을 컴퓨터로 입력해줘. 두 시간 뒤엔 내가 무슨 생각을 하고 있는지 알게 될 거야."

다츠야는 머릿속에 있는 사업계획들을 찬찬히 이야기하기 시작했다.

긴자의 고급 술집 '마키'

"사코타 씨, 어쩐 일이세요? 얼굴에 수심이 가득하네."

가게 마담인 오니시 마키는 걱정스러운 표정으로 남자의 안색을 살폈다.

"딸뻘밖에 안 되는 여자한테 보기좋게 케이오패 당했어. 나 원,

기가 차서……."

사코타는 밸런타인을 희석한 술잔을 단숨에 비웠다.

"그렇게 마시면 몸에 안 좋으세요."

마키는 사코타의 잔에 미네랄워터를 따랐다.

"다국적 기업의 젊은 것들은 도통 예의란 걸 몰라."

"어머, 정말 힘드시겠어요. 나쁜 일은 전부 잊으세요. 맞아, 맞아. 사코타 씨가 좋아할 만한 예쁜 아이가 하나 들어왔답니다."

마키는 그렇게 말하며 가까이 있는 남자 종업원에게 눈짓을 했다. 잠시 후 다른 손님을 상대하고 있던 젊은 여자가 다가와 사코타의 옆자리에 앉았다.

20대 중반쯤의 늘씬한 몸매에 어깨와 등이 대담하게 파인 화려한 옷을 입고 있었다. 새하얀 등과 가는 두 팔 때문에 파릇파릇한 젊음이 한층 도드라져 보였다.

사코타는 그 젊은 여자를 노골적으로 훑어보았다.

"점수가 짠 마담이 칭찬할 만한데?"

사코타는 코를 여자의 목덜미에 가까이 가져갔다.

"아, 나 좀 봐. 눈치도 없이."

마키는 미소를 지으며 자리를 떠났다.

사코타는 교태가 넘치는 여자의 손을 잡으며 말했다.

"샤넬의 코코 마드모아젤 향수로군."

여자는 살짝 미소를 짓더니 핸드백에서 작은 명함을 꺼내어 사코타에게 주었다.

그리고 과장된 몸짓으로 사코타에게 기대며 이렇게 속삭였다.

"전 모에라고 해요. 상무님에 대해선 마나카 류조 씨한테서 얘기 많이 들었어요."

"마나카한테?"

사코타의 낯빛이 변했다.

"마나카를 알고 있나?"

사코타는 고개 숙인 모에의 옆얼굴을 빤히 쳐다봤다. 마나카는 단순히 대출처의 전무가 아니다. 사코타의 대학 산악부 후배이기도 하다. 그래서 사코타는 마나카를 공적으로나 사적으로 지원해주었다. 그런데 이 여자가 마나카를 알고 있고, 자신과 마나카와의 관계까지 알고 있는 것이다. 사코타의 몸이 긴장감으로 굳어졌다.

"예전에 마나카 전무님이 계셨던 회사에서 제가 일했었거든요. 마나카 씨는 종종 이 가게를 이용하셨죠."

"이 가게를 이용했다고?"

사코타는 모에의 아리송한 말에 어리둥절했다.

"저는 그 회사의 경리부에 있었어요. 매월 이 가게에서 청구서가 오더군요."

모에는 솔직하게 대답했다. 그때 사코타는 혼마고메 지점장의 마루가메가 한 이야기가 생각났다. 제이피 주주총회 때 마나카와 함께 경리부 여직원이 쫓겨났다는 이야기다.

고지식하기만 한 마루가메가 새하얀 피부에 모델처럼 예뻤다고 감탄해서 좀 놀랐던 기억이 났다.

'그렇군. 그 녀석의 애인이로군……. 그런데 왜 이 가게에서 일하고 있는 걸까. 마나카가 권해서? 아니, 그건 아닐 것이다. 자존심이 하늘을 찌르는 그 녀석이 자기 애인을 긴자의 술집에서 일하게 내버려 둘 리가 없다. 그렇다면, 자신이 원해서 이 가게에서 일하고 있다는 얘긴데……'

"그러면 마나카가 그 회사를 그만둔 걸 알고 있지?"

사코타는 천연덕스럽게 모에에게 물었다. 모에는 잠자코 고개를 끄덕였다.

"역시 그랬군. 마나카는 내 대학 후배야. 은행 융자 건으로 조언해준 적도 있지. 하지만 요즘엔 졸업생 모임에도 도통 얼굴을 내밀지 않고 집에 전화해도 아무도 받지 않더군. 어떻게 지내는지 걱정이야. 하긴, 너한테 물어도 그 녀석 근황은……"

사코타는 술잔을 입가에 가져갔다. 그러자 모에는 사코타에게 몸을 기대며 귓가에 이렇게 속삭였다.

"마나카 전무님은 회사의 음모에 말려들어서 쫓겨났어요."

모에는 새하얀 손수건을 핸드백에서 꺼내어 눈가에 댔다. 사코타는 위로하듯 모에를 끌어안았다.

🔑 구조조정 계획 _ 9월 13일

제이피의 세 가지 과제

아침 8시 50분, 미사와와 가네코는 사장실에 도착했다. 사장실에는 마스오 외에도 잠을 설쳐 눈에 핏발이 선 다츠야와 마리가 두 사람을 기다리고 있었다.

"미사와 상무님, 이렇게 일찍 와 주셔서 감사합니다. 그럼 어제 여쭤본 건에 대해서 설명해주십시오."

다츠야는 어제 미사와에게 두 가지 일이 가능한지 검토해달라고 했다. 첫째는 마이크로스위치만 생산하고 아이치 공장을 다음 달 말에 폐쇄해서 생산체제를 나가노 공장으로 일원화해 운영하는 것이다. 미사와는 이것이 가능한 일이며 책임지고 일을 추진하겠다고 장담했다.

두 번째는 로봇의 생산능력을 세 배로 증대하는 것이다.

이 점에 대해서는 가네코가 대답했다. 조업시간을 1교대(8시간)에서 3교대(24시간)로 바꾸기만 하면 충분히 가능하다고 했다.

세 번째 과제는 로봇의 자체 양산 가능성 여부였다. 가네코는 다츠야의 의도를 잘 모르겠다고 생각하면서도 일단 기술적으로는 가능하다고 대답했다.

다츠야는 흡족한 표정으로 고개를 끄덕이고 나서 말을 이어나갔다.

"지금은 세계경제의 향방을 점칠 수 없는 상황이니 아마 거래처

73

도 꼭 필요한 수량만 주문할 겁니다. 엎친 데 덮친 격으로 엔고 현상까지 맞물려 향후 2~3년 동안, 전자부품업계 사정은 한층 더 어려워질 것이고 경영파탄에 이르는 동종업체도 분명히 나오겠지요. 하지만 미사와 상무님과 가네코 씨의 이야기를 듣고 저는 자신이 생겼어요. 이 불황은 오히려 우리 회사에게는 절호의 기회입니다. 반드시 은행을 설득하겠습니다!"

다츠야가 힘차게 말했다.

간토비즈니스은행 응접실

마스오와 다츠야는 간토비즈니스은행 본부의 호화로운 응접실로 안내되었다. 약속 시간인 1시를 조금 넘겼을 때, 묵직한 문이 열리고 남자 셋이 딱딱한 표정을 지으며 들어왔다. 고와다와 마루가메, 또 한 명은 다츠야가 처음 보는 사람이었다. 고와다가 그 남자를 소개했다.

"이분은 사코타 상무님이십니다."

사코타는 마스오와 다츠야의 명함을 받아들고 아무렇게나 테이블에 놓았다.

"그럼 사업계획을 들어볼까요?"

거두절미하고 고와다가 입을 열었다. 마스오는 불안한 표정으로 소파에 걸터앉았다. 마치 입학시험을 볼 때, 면접관 앞에서 쭈뼛쭈

뻣하며 질문을 기다리는 학생 같았다.

다츠야는 A4용지 한 장에 정리한 실행계획서 요약본을 배부했다.

종이에는 실행계획 내용이 큼지막한 글씨로 간결하게 쓰여 있었다. 자료를 훑어본 사코타는 입꼬리를 축 내리고 팔짱을 낀 채 골똘히 생각에 잠겼다. 응접실에 무거운 긴장감이 감돌았다. 긴 침묵을 깨고 사코타가 입을 열었다.

"그래서 뭘 어쩌겠다는 거요?"

응접실 분위기가 한층 더 가라앉았다. 다츠야는 신중하게 말을 고르며 짧게 대답했다.

"모든 경영자원을 마이크로스위치에 집중하고 다른 사업부문에서 손을 떼겠습니다."

사코타의 눈초리가 매서워지더니 퉁명스럽게 말했다.

"경영자원? 지금이 대학교수의 수업 시간인가? 난 무슨 소린지 잘 모르겠군요."

이건 예상했던 반응이었다. 다츠야는 차분하게 설명을 계속했다.

"외주생산을 하는 제품 중 고부가가치제품은 전부 사내생산으로 전환하겠습니다. 특허권의 사용을 승인하고 있는 회사에 대해선 1년 뒤부터 로열티를 순차적으로 50% 인상할 겁니다. 그리고 해외에 있는 자동차와 전자기기 업체를 대상으로 제품을 현지에서 생산해 판매하겠습니다."

"흠. 하지만 자체생산을 강화하려면 설비자금이 필요할 텐데요?

해외진출을 하는 것도 상당한 자금이 들지요. 그런 허황된 얘기를 늘어놓으면서 은행에 도와달라고 매달린 게 어디 한두 번입니까?"

사코타의 어조가 거칠어졌다.

"이야기는 지금부터입니다."

다츠야는 사코타의 말을 가로막으며 이야기를 계속했다.

"설비투자에 드는 예상자금은 약 20억 엔입니다. 하지만 그건 아이치 공장을 매각하면 충분히 충당할 수 있는 금액입니다."

"구조조정을 통해 설비투자를 하면 회사가 다시 일어날 거라고 말하고 싶은 겁니까?"

"물론입니다. 단, 초년도는 적자겠지요. 하지만 2년째부터의 예상 이익은 20억 엔입니다. 현재 저희가 빌린 자금은 3년이면 완전히 상환할 수 있습니다."

그 순간 사코타가 웃음을 터뜨렸다.

"젊은 사람이 배짱이 두둑하군. 말솜씨도 보통이 아닌데? 가짜 보석을 파는 사기꾼같이 말이야. 아주 잘 알았습니다. 이제 그만하지요."

"기다려주십시오. 제 이야기를 끝까지 듣고 나서 판단해주십시오."

애초부터 거절하기로 작정한 듯한 말투에 문득 다츠야는 사코타가 이미 자기 나름대로의 결론을 내린 상태에서 이 면담에 참석한 게 아닌가 하는 생각이 들었다.

"다츠야 씨, 그럼 설명해보시죠."

고와다가 이렇게 말하면서 호의적으로 나서자 사코타는 "그럴 필요 없어."라며 일언지하에 거절했다.

"하루 동안 기다려줬는데 이런 사업계획서로는 얘기가 안 돼."

'내 이야기를 들을 생각은 애초부터 없었구나.'

마침내 다츠야는 비장의 카드를 꺼냈다.

"생각이 정 그러시다면 제이피의 전 주식을 영국의 투자펀드사에 팔아버리겠습니다."

사코타의 낯빛이 확 변했다.

"무슨 말을 하는지 도무지 영문을 모르겠군."

이렇게 말하며 다츠야를 노려본 다음 마스오를 향해 말했다.

"마스오 사장, 투자펀드란 게 대체 뭡니까?"

"그, 그건……."

마스오는 우물우물 말을 잇지 못했다. 대신 다츠야가 바통을 넘겨받았다.

"제이피는 세계 여러 기업이 탐내는 마이크로스위치에 관한 특허를 보유했음에도 60억 엔의 차입금을 상환하지 못해 파산 직전에 이른 상태입니다. 왜 그런 사태에 빠졌을까요?

바로, 지적재산을 현금화하는 방법을 몰랐기 때문이지요. 만약 지금까지의 경영자들이 그 점을 깨닫고 마이크로스위치의 지적재산을 잘 활용해서 현금화했다면 적어도 600억 엔의 새로운 현금,

즉 잉여현금흐름을 창출했을 겁니다. 다시 말하자면 제이피의 주식엔 600억 엔의 가치가 있다는 뜻이지요.

하지만 제이피에겐 그런 지혜가 없었어요. 저는 영국의 투자펀드사에서 근무하는 친구에게 의향을 타진해보았습니다. 그랬더니 그 즉시 100억 엔에 전 주식을 양도하라는 제안이 들어오더군요."

다츠야는 서른 살 청년이라고는 믿기지 않는 침착한 어조로 늙은 여우 같은 사코타와 맞섰다.

"그래서 얼마 전에 이사 자리에 오르신 자네는 우쭐해져서 주주에게 아무런 양해도 없이 제이피의 주식을 영국의 투자펀드사에 매각하려고 한다는 말씀이신가? 착각도 정도껏 하시게."

사코타의 말투가 갑자기 험해졌다.

'옳지! 흔들리고 있어!'

다츠야는 청산유수로 말을 이었다.

"아니요, 더 비싸게 팔 생각입니다. 600억 엔의 가치가 있는 회사를 왜 고작 100억 엔에 넘겨야 하죠?"

그러자 여태까지 잠자코 듣고만 있던 고와다가 두 사람 사이에 끼어들었다.

"잘 알겠습니다, 다츠야 씨. 다시 말해 경영 방향만 잘 잡으면 60억 엔 정도는 쉽게 상환할 수 있다는 거군요?"

다츠야는 기다렸다는 듯한 투로 대답했다.

"바로 그렇습니다."

"그럼 질문을 하나 하지요. 제이피의 경영자들이 지적재산을 현금으로 전환하는 지혜가 없었다는 말에는 저도 동감입니다. 하지만 그와는 별개로 왜 제이피의 경영 상태는 파산 지경에 이르렀을까요? 이 점에 대한 분명한 생각이 없다면 우리는 귀사에서 손을 뗄 수밖에 없습니다."

고와다가 예리한 질문을 던졌다. 하지만 다츠야는 침착하게 답변했다.

"지금까지 제이피는 경영을 한 게 아닙니다. 그저 매출에 목을 맸을 뿐이죠. 더구나 싸게 팔아야 많이 팔린다고 생각했습니다. 하지만 그건 잘못된 생각입니다. 고객은 단순히 제품을 사는 게 아니라 그 제품이 가져다주는 만족감을 사는 겁니다. 그런 관점에서 저희 회사 제품라인을 검토해보면, 진정으로 고객에게 만족을 제공하는 제품은 마이크로스위치밖에 없습니다.

기업들이 출시하는 휴대전화와 최고급 PC용 마우스에는 제이피의 마이크로스위치가 내장되어 있습니다. 둘 다 그쪽에서 먼저 우리에게 다가온 경우지요. 그렇게 가치 있는 제품을 보유하고 있으면서도 잘못된 방향으로 사업을 운영해왔습니다. 그럼 뭐가 잘못된 걸까요? 첫째, 고객이 만족하지 않는 저품질의 커넥터와 가변저항기 사업에 손을 댔습니다. 둘째, 그것들을 제조하려고 아이치 공장에 막대한 돈을 쏟아부었습니다. 마지막으로 임대료가 비싼 도쿄 마루노우치로 본사를 이전했습니다. 과욕을 부린 거죠.

그 결과 고정비가 치솟아 올랐고 공장 가동률이 50% 이하로 떨어졌습니다. 매출액은 손익분기점의 매출을 넘기지 못하여 적자가 체질화되었습니다. 그래서 적자를 포장하기 위해 분식회계를 반복한 것입니다."

여기까지 단숨에 말한 다츠야는 이미 식어버린 차를 한 모금 마시며 목을 축였다.

"저희들은 공헌이익을 늘리고 고정비를 낮춰서 손익분기점을 끌어내리기 위해 마이크로스위치 단일 생산, 본사 이전, 그리고 아이치 공장 매각을 결정했습니다."

"그 결론이 방금 하신 설명인 셈이군요."

고와다가 말했다.

"나가노 공장에서는 고부가가치제품만 생산하고 다른 제품은 협력업체에 위탁을 할 생각입니다. 또한 해외에도 적극적으로 판매하겠습니다."

그러자 지점장인 마루가메가 의아함을 드러내며 대화에 끼어들었다.

"귀사는 해외에 생산 공장이 없는 걸로 압니다. 그렇다면 수출에 힘을 기울이겠다는 뜻인가요? 하지만 지금처럼 엔고현상이 지속되면 이익을 내기 힘들 텐데요."

"엔고니까 해외생산을 하는 겁니다. 태국 방콕, 말레이시아 쿠알라룸푸르, 베트남 호치민, 인도네시아 자카르타에는 수많은 자동차와 전자기기 공장이 있습니다. 현지 회사에 로봇을 대여해서 그 회사에서 스위치를 제조하면 됩니다.

　아이치 공장에서 사용하던 것과 동일한 로봇을 대여하니까 품질은 문제없습니다. 또, 상대기업에 생산기술이 유출되지 않도록 보안을 강화했습니다. 그렇게 해서 만든 제품을 일본으로 역수입하는 것도 고려하고 있습니다.”

　“흥미로운 이야기로군요. 하지만 스위치가 그렇게 잘 팔리는 제품인가요?”

　고와다가 물었다. 그러자 다츠야는 가슴을 펴고 장담했다.

　“고성능 스위치의 세계적인 권위자로 불리는 미사와 상무님이 설계하신 제품입니다. 어떤 일류 제조업체도 기꺼이 구매할 겁니다.”

　고와다가 질문을 계속했다.

　“다시 말해 로봇을 협력회사에 대여해서 생산하면 설비투자를 하지 않아도 품질을 안정화시킨 상태로 생산능력을 높일 수 있다는 거군요. 하지만 그런 고성능 로봇을 양산할 수 있나요? 그리고 국내라면 모를까 어떻게 해외에서 협력 공장을 찾겠다는 거죠?”

　“저희 회사에는 가네코라는 아주 뛰어난 로봇 기술자가 있습니다. 또, 아시아 여러 나라의 관공서와 일류기업, 일류 금융기관에는 싱가포르 대학시절의 제 동기들이 포진해 있습니다. 이미 몇몇 친구에게 연락했더니 적극적으로 협력하겠다는 의향을 피력했습니다.”

　그렇게 말하며 다츠야는 이메일을 인쇄한 종이를 고와다에게 보였다.

고와다는 그 종이를 사코타에게 건넸다. 사코타는 메일 내용을 확인한 후 노골적으로 못마땅한 기색을 드러내며 말했다.

"오늘은 일단 당신들의 승리 같군요. 내키진 않지만 6개월을 두고 보지요. 하지만 앞으로 추가 대출은 없습니다. 현재의 차입금은 당연히 원금과 이자 모두 갚아야 하고요. 귀사의 자금이 바닥난 그 순간, 법적 조치를 취할 겁니다. 그래도 좋습니까?"

사코타는 악의에 찬 미소를 띠었다. 다츠야는 그런 사코타의 표정에도 웃는 얼굴로 이렇게 말했다.

"그럼 6개월 후를 기대해주십시오."

간토비즈니스은행 본점

그날 밤, 사코타에게 린다로부터 전화가 걸려왔다.

"사코타 씨, 마스오 씨에게 앞으로 추가 대출을 하지 않겠다고 말씀하셨겠죠?"

"그렇게 전했습니다."

사코타는 퉁명스럽게 대답했다.

"다행이군요. 그럼 제이피의 채권을 양도하실 거지요?"

"그게 말입니다, 이번엔 귀사의 기대를 채워드릴 수 없게 되었습니다."

사코타에게서 애매모호한 대답이 나왔다.

"네? 약속을 깨시는 건가요?"

린다의 일본어에 갑자기 중국 억양이 섞였다.

"린다 씨, 그쪽은 추가융자도 필요 없고 원금과 이자도 다 갚겠다, 만약 하루라도 상환일이 연체된다면 차입금을 전부 거두어들여도 상관없다고 큰소리쳤어요. 그러니 별수 있나요? 그때까지 기다릴 밖에요."

무거운 침묵이 이어졌다. 그 침묵을 깬 것은 린다였다.

"알겠습니다. 하지만 융자를 거두어들일 땐 반드시 저한테 연락하세요."

"그거야 물론이죠. 제이피는 이미 가망이 없어요. 늦어도 12월 중엔 연락하게 되겠지요."

사코타는 소리내어 웃었다.

🔑 구조조정 개시 _ 9월 24일

아이치 공장

"그러고 싶진 않았지만, 아이치 공장을 다음 달에 폐쇄하기로 결정이 났네. 파견 사원은 계약을 파기하면 되지만 천 명이나 되는 직원들의 거취를 생각해야 하는데……. 자네들의 의견을 듣고 싶네."

미사와는 공장장실의 낡아빠진 소파에 앉아서 가네코와 기우치의 의견을 물었다.

"이 지역 주민들이 많아서 공장을 폐쇄한다면 대부분 그만둘 것 같습니다. 전근을 자원할 사람이 열 명이나 될까 모르겠네요."

기우치가 대답했다.

"열 명……. 그럼 자네는 어떤가? 일단 나가노 공장에 와주겠지?"

미사와의 물음에 기우치는 "으음……." 하고 말을 흐리며 생각에 잠겼다.

"안 되겠나?"

"애 학교 문제도 있고……. 내일까지 기다려주세요. 집사람과 상의해보겠습니다."

기우치는 확실히 곤혹스러워하는 반응이었다.

"그럼 가네코, 자네는 어떤가?"

"전 독신이니까 문제될 게 없습니다. 거긴 음식도 맛있을 것 같고요."

그러자 고개를 숙이고 있던 기우치의 입에서 이런 말이 흘러나왔다.

"이건 도마뱀 꼬리 자르기로군요."

제이피 경리부

다츠야는 회전의자에 깊숙이 앉아 벌써 두어 시간이나 차창 너머의 도쿄 역을 바라보고 있었다.

간토비즈니스은행과의 협상에서 은행본부장과 지점장의 공격을 물리치고 제이피를 구했다는 소문이 사내를 휘젓고 다녔다. 다츠야의 눈부신 활약에 감격한 사장이 그를 입에 침이 마르도록 칭찬했다. 하지만 이 젊은 경리부장은 평소처럼 담담한 태도로 일할 뿐이었다. 당초에는 비판적이던 경리부 직원들도 이번 일을 계기로 다츠야를 다시 보게 되었다.

"이번에 부장님하고 술 한잔하러 갈까?"

경리부 사사키가 다나카에게 속삭였다.

"그렇게 하는 게 좋겠지……. 부장님은 이제 경리부의 영웅이니까 말이야……. 그래도 그 애랑 한패인 동안에는 완전히 믿을 순 없어."

다나카는 묵묵히 일하고 있는 마리를 힐끔 쳐다보았다.

다츠야는 다음 순서를 생각했다. 구조조정 절차와 새로운 조직체제, 마케팅, 이노베이션, 이익 모델……. 다양한 아이디어가 연달아 떠올랐다.

하지만 제일 먼저 해결해야 할 일이 있었다. 바로 경리부 직원들의 의식 전환이었다. 그들을 회사 개혁에 앞장서는 인재로 변화시켜야 했다.

경리부서 사람들은 전표나 결산 재무제표, 세무신고서 작성, 청구서 체크, 입출금업무, 자금운용만이 경리부의 일이라고 한정 짓고 있었다. 이것들은 회사에 꼭 필요한 일이긴 하지만 새로운 가치를 창출하는 일은 아니다.

다츠야가 경리부 직원들에게 기대를 하는 이유는 그들이 회계를 알고 있기 때문이었다. 즉 회사의 큰 그림을 그려서 회사상황을 분석하는 기초지식을 갖고 있다. 하지만 그런 능력이 있으면서도 그들은 항상 틀에 박힌 일상 업무에 쫓기고 있다. 다츠야는 그들이 자신의 가치를 모른다는 게 못내 안타까웠다.

마리도 예외는 아니었다. 경리실무도 잘 알고 세무사를 목표로 할 정도로 세법과 회계지식에 밝다. 요즘에는 자신이 관리직이라는 의식도 조금씩 생겨나는 듯했다. 하지만 회계가 경영 그 자체라는 것은 아직 깨닫지 못한 상태다.

다츠야는 우선 경리과장인 마리부터 앞으로 추진할 계획들을 이해시켜야 했다.

다츠야는 의자를 빙그르르 돌려 마리에게 말을 건넸다.

"마리 과장, 지금부터 한 시간 정도 미팅을 하지."

월말인 이 시기는 마감업무에 쫓기느라 한 시간이 평소의 이삼일과 맞먹는다. 하지만 마리는 아무런 불평 없이 "알겠습니다."라고 대답했다.

회의실
다츠야는 간토비즈니스은행에 보고한 회사개혁 구상과 자신의 생각을 마리에게 빠짐없이 전달했다. 그리고 이런 말로 결론을 내렸다.

"지금까지 한 이야기를 요약하면 마이크로스위치에 관한 지적재산을 신속하게 현금화하는 시스템으로 구축하자는 거야. 우리 회사는 마이크로스위치에 대해 정말 뛰어난 기술을 보유하고 있어. 하지만 이 기술을 이용해 실적을 내거나 신규 사업을 벌이지 못하고 있지. 특허권 사용료를 받거나 아이치 공장에서 마이크로스위치를 찔끔찔끔 생산하는 게 고작이야."

다츠야는 설명을 계속했다.

"우사미 스승님이 이런 말씀을 하신 적이 있지. '지적재산을 보유하지 못한 회사는 도태된다. 하지만 아무리 우수한 지적재산을 보유해도 행동에 옮기지 않으면 그것의 가치는 순식간에 진부화한다.'"

마리도 그 말에 깊이 공감했다. 제이피는 '마이크로스위치의 독점기술'을 갖고 있지만 그 기술은 정작 현금을 낳지 못하고 있다. 또한 기술에는 '때'가 있는 법이다. 제이피는 현재 보유한 기술을 적극적으로 활용해 신속하게 현금화하는 시스템이 절대적으로 필요했다.

"가네코가 만드는 로봇은 미사와 상무님이 발명한 기술에 필적하는 가치가 있어. 그 가치를 반드시 현금화해야만 해."

"하지만……. 언젠가는 다른 누군가가 따라 하지 않을까요?"

"스포츠 경기를 보면 누군가 신기록을 세우면 뒤이어 다른 선수가 그 기록을 깨고 다음 신기록을 세우지? 기술혁신도 마찬가지야.

어떤 회사가 기술개발에 성공해서 독점적인 위치를 선점해도 얼마 안 있어 다른 회사도 그 기술을 성공시켜서 제품가격이 하락하지. 그게 자연스러운 이치야. 그래서 항상 새로운 기술개발에 도전해야 해. 뭐, 이건 전부 우사미 스승님의 말씀이야."

이렇게 말하며 다츠야는 밝게 웃었다.

🔑 예산편성 _ 9월 30일

제이피 경리부

아침 8시 반.

"그럼 시작해볼까!"

다츠야는 먼저 경리부 직원들에게 사업계획을 설명했다. 간토비즈니스은행에서 보고한 것과 같은 내용이다. 기우치도 다나카도 고개를 끄덕끄덕하며 다츠야의 이야기에 귀를 기울였다.

다츠야는 설명을 일단락 짓고 "지금 내가 설명한 내용을 마리 과장이 회계수치화한 자료로 작성했습니다."라며 예상재무상태표와 손익계산서, 현금흐름표를 직원들에게 배부했다.

그러자 다나카가 시비를 걸었다.

"굳이 사업계획 따위가 없어도 예상재무제표 정도는 저도 만들 수 있습니다. 이게 뭐 특별하다고 그러십니까?"

"난 마리 과장에게 단순히 결산자료를 작성하라고 지시한 게 아닙니다. 내가 생각한 사업계획을 시뮬레이션해달라고 한 거죠. 내가 생각한 사업계획대로 일을 추진하면 우리 회사는 반드시 다시 일어날 거라고 난 확신하고 있습니다. 하지만 사장님을 비롯한 전 직원이 그 사실을 납득해야 하겠죠. 그래서 이 사업계획의 타당성을 객관적으로 입증하기 위해 회계수치로 표시했습니다."

"무슨 소린지 도통 모르겠는데요."

이번에는 기우치가 반발했다.

"그럼 좀 더 풀어서 이야기하죠."

이렇게 말하며 다츠야가 설명했다. 만약 사업계획 자체에 타당성이 없다면 예상 손익계산서와 예상 현금흐름표의 영업활동 현금흐름 항목이 적자가 날 것이다. 돈이 돌아가지 않는 사업계획을 실행에 옮길 순 없는 노릇이다. 그러므로 돈이 돌아가게 될 때까지 계획을 수정한다. 다츠야가 사업계획을 회계수치로 변환하는 목적도 여기에 있었다.

'내 짐작이 맞았구나.'

마리는 처음에는 무조건 시키는 대로 예상재무제표를 작성했다. 하지만 점차 왜 그 작업을 해야 하는지 그 이유를 막연하게나마 알 수 있었다.

"사업을 마이크로스위치에 집중하고 아이치 공장을 폐쇄해서 나가노 공장에 집결시키면, 금년도 제품매출액은 전년도의 77억 엔에서 39억 엔으로 감소할 것이라 예상됩니다. 하지만 매출총이익은 오히려 10억 엔 정도 증가할 겁니다. 채산성이 없는 커넥터와 가변 저항기의 매출이 줄어들고 고정비가 감소하기 때문이죠. 도쿄 마루노우치의 본사 빌딩 임대료는 아직 계약기간이 남았으니 6개월 동안은 그대로 발생하고, 나가노 공장이 생산거점이 되면 제품출하 운반비가 다소 증가합니다. 그래도 영업이익은 12억 엔 정도 증가한다고 예상됩니다."

그러자 다나카가 입을 열었다.

"매출이 줄어드는데, 영업이익이 12억 엔이나 늘어난다고요?"

"그렇습니다. 하지만 아이치 공장에 재고로 있는 재공품은 폐기할 수밖에 없고 공장 폐쇄로 인한 퇴직금과 공장이전비 등 손실이 발생하겠죠. 아마 전부 33억 엔 정도 비용이 들 것 같아요. 따라서 내년도 결산은 22억 엔 정도 적자일 겁니다."

다츠야의 설명에 다나카는 찜찜한 얼굴로 말했다.

"그렇게 적자가 나면 두 번 다시 은행이 상대해주지 않을 텐데요?"

"그래도 상관없습니다."

다츠야는 다나카의 지적에도 전혀 개의치 않았다.

"어차피 은행은 추가 대출을 해주지 않아요. 그러니 이익에 집착하지 않아도 됩니다. 정말 중요한 건 영업활동 현금흐름입니다. 법인세차감전순손실은 마이너스 10억 엔이지만 비용 중 감가상각비 5

❖ 사업을 마이크로스위치에 집중할 경우 (1)

전기	매출액	매출원가	매출총이익	이익률
전체합계	9,700	8,458	1,242	12.8%
커넥터	3,000	3,408	−408	−13.6%
가변저항기	3,000	3,500	−500	−16.7%
스위치	1,700	800	900	52.9%
제품매출	7,700	7,708	−8	
로열티	2,000	750	1,250	62.5%

매출총이익은 +10억 엔

매출액은 −38억 엔

당기예상	매출액	매출원가	매출총이익	이익률
전체합계	5,900	3,622	2,278	38.6%
커넥터	0	500	−500	0%
가변저항기	0	500	−500	0%
스위치	3,900	1,872	2,028	52.0%
제품매출	3,900	2,872	1,028	26.4%
로열티	2,000	750	1,250	62.5%

억 엔, 재공품평가손실과 유형자산처분손실 10억 엔은 실제로 현금
이 지출되는 건 아니지요. 그리고 현재 미수금 중 9억 엔은 다음 달
중에 회수할 수 있다고 합니다. 따라서 금년도 영업활동 현금흐름
은 15억 엔 정도의 흑자가 날 전망입니다. 여기에 아이치 공장의 매
각대금 7억 엔을 더해서 그 중 14억 엔을 차입금상환에 충당할 계
획입니다."

"그런 걸 공수표라고 하는 겁니다. 설령 계획대로 된다 하더라도
차입금이 29억 엔이나 남잖아요. 다 헛수고라고요."

다나카가 흥분한 어조로 말했다. 하지만 다츠야는 꿈쩍도 하지
않았다.

"지금 우리 회사는 사람이 남아돌고 있어요. 그러니 현재 나가노
공장에서 생산하는 커넥터와 가변저항기 생산을 한동안 계속하는
게 어떨까 하는데요."

"그게 무슨 뜻이지요? 커넥터와 가변저항기는 적자가 아니었나
요?"

다나카가 되물었다.

"나도 다츠야 부장과 같은 생각일세."

미사와가 말했다.

"나가노 공장은 아이치 공장과 달리 로봇을 사용하지 않아. 대부
분 수작업이니까 제조원가가 훨씬 싸게 먹히지. 그리고 커넥터와
가변저항기는 규격품이 많으니까 확실히 팔릴 게야."

"알겠습니다. 미사와 상무님이 그렇게 말씀하시니 틀림없겠지요."

다나카는 떨떠름한 표정으로 물러났다.

"만약 커넥터와 가변저항기를 일부만 계속 생산한다면 전년도 대비 실적은 어떻게 되겠습니까?"

다츠야가 물었다. 마리가 재빨리 계산기를 두드렸다.

"로열티 수입을 제외하고 계산하면 매출액은 77억 엔에서 44억 엔으로 감소합니다. 하지만 공헌이익률은 34%에서 83%로 증가하고 고정비도 47억 엔에서 29억 엔으로 감소하기 때문에 전년도 21억 엔의 적자였던 제품사업이 7억 엔의 흑자가 됩니다."

그러자 다나카가 다시 딴죽을 걸었다.

"다들 벌써 잊었나요? 우린 미쓰사와부동산의 채무를 18억 엔이나 짊어졌단 말입니다. 정말 만사태평이군요."

"다나카 씨, 포기하면 끝입니다. 이 세상에 풀지 못할 문제는 없어요. 문제가 해결되지 않는 건 해결하려고 하지 않기 때문입니다."

다츠야는 다나카에게 타이르듯 말했다.

"그럼 무슨 방법이 있는지 어디 한번 가르쳐주시죠."

"예를 들어보죠. 신형 마이크로스위치 중 몇 종류는 시제품 생산을 마친 상태입니다. 그리고 6개월 후에는 본사 이전에 따른 효과도 나타날 거고요."

"은행이 기다려줄 것 같습니까? 그러기는커녕 제이피가 백기를 들 날을 손꼽아 기다리고 있을걸요. 부장님도 과장님도 너무 낙관

❖ 사업을 마이크로스위치에 집중할 경우 ⑵

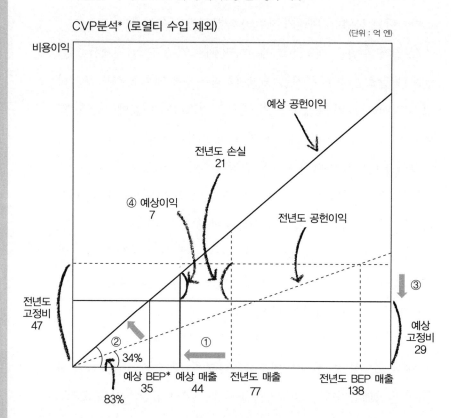

CVP분석* (로열티 수입 제외)

(단위 : 억 엔)

비용이익

예상 공헌이익

전년도 손실
21

④ 예상이익
7

전년도 공헌이익

전년도
고정비
47

③

예상
고정비
29

② 34%

①

83%

예상 BEP*   예상 매출   전년도 매출   전년도 BEP 매출
35   44   77   138

① 매출액이 77억 엔에서 44억 엔으로 감소해도
② 공헌이익률이 34%에서 83%로 향상하고
③ 고정비가 47억 엔에서 29억 엔으로 감소하기 때문에
④ 이익은 −21억 엔에서 7억 엔으로 증가한다.

✱CVP분석 | Cost-Volume-Profit Analysis의 약자이며 원가·조업도·이익분석이라 한다. 생산량 또는 판매량
　의 단기적인 변화가 원가와 이익에 미치는 영향을 분석하는 것이다.
✱BEP | Break-Even Point의 약자로 손익분기점을 말한다. 즉 비용액과 수익액이 같아지는 매출액을 뜻한다.

적이네요."

다나카가 또 한번 부정적인 발언을 했다.

하지만 다츠야는 동요하지 않고 이렇게 단언했다.

"다나카 씨 말대로 이대로 가면 파산을 면치 못하겠죠. 하지만 안심하시죠. 이미 손을 써놓았으니까."

뉴욕 마인슬리 CEO 방

"자네에게 정말 실망했네."

경기 불황의 거센 바람이 일고 있는 월스트리트가. 그곳에 우뚝 선 고층 건물에서 로버트 그레이엄은 수화기에 대고 언성을 높였다.

"목적을 위해서라면 수단과 방법을 가리지 않는다는 자네가 인정에 끌려서 물러섰단 말인가? 어처구니가 없군. 자네는 일본에 가자마자 아시아의 편안함에 안주해버린 거야. 혹시 몰라서 자네에 대해 알아보았지. 제이피의 CFO인 다츠야와 싱가포르 대학 동기였더군. 그러니 정에 약할 수밖에. 6개월을 기다리다니……. 말도 안 되는 소리. 자네가 몸담고 있는 세계는 하루만 늦어져도 1억 달러의 이익이 날아가는 곳이야!"

로버트의 분노는 잦아들 줄을 몰랐다. 하지만 린다는 위축되지 않고 태연하게 되받았다.

"미스터 그레이엄, 걱정하실 필요 없어요. 제이피의 자금은 틀림없이 바닥날 테니까요."

"바닥난다고? 그걸 어떻게 장담하지?"

"제이피의 내부사정은 훤히 꿰뚫고 있습니다. 그리고 앞으로 제 뒷조사는 삼가주세요."

린다는 그렇게 말하고 일방적으로 전화를 끊었다.

🔑 가네코의 결심 _ 11월 5일

아이치 공장

나고야 도요하시에서 나가노 시오지리로 전근하는 사람은 미사와까지 여섯 명으로 확정되었다. 가네코는 다음 주에라도 부하직원 네 명을 데리고 시오지리로 이동해 생산라인 세팅에 착수하기로 했다. 하지만 기우치는 남은 일을 마무리하기 위해 11월 말에 이동하기로 했다.

가네코는 하늘을 날 듯한 기분이었다. 나가노 공장에 가면 로봇 제작에 전념할 수 있기 때문이다. 예전에 이시카와 제조부장이 아이치 공장을 좌지우지하던 시절에는 운신의 폭이 좁았다. 그 당시 가네코를 이해해주는 사람은 미사와 공장장밖에 없었다. 하지만 앞으로는 남의 눈치 볼일 없이 마음껏 소신대로 일할 수 있게 된 것이다.

그래도 가네코에게 불안 요소가 전혀 없진 않았다. 새로 취임한 본사 경리부장인 단 다츠야. 가네코는 다츠야에 대해서는 미사와에게 자세히 들었다. 제이피를 가로챌 음모를 꾸민 마나카 일당을 추방한 일등 공신이라고 했다. 더구나 회장인 다카라베 후미가 그의 뒷배를 봐주고 있다고도 했다. 사내 여기저기에서 '사실상 사장은 단 다츠야'라는 소리가 들려왔다. 다츠야가 상당한 수완가인 모양이지만 그래 봤자 주판알이나 튕기는 경리에 불과하다고 가네코는 생각했다. 영어로 회계사를 비아냥거릴 때 '콩 세는 사람(bean counter)'이라고 한다. 콩을 세듯이 숫자계산으로 모든 것을 판단하는 사람이라는 뜻이다. 그런 사람이 과연 경영자로서 적합한 인물일지 가네코는 마음이 놓이지 않았다.

엔지니어인 가네코는 회계에 대해서는 까막눈이다. 엔지니어는 진실을 추구한다. 하지만 경리는 진실을 보려 하지 않고 현실과 동떨어진 규칙만 고집한다. 마나카나 마다라메가 그랬듯이 그들은 수치화된 원가와 이익이 진실이라고 믿어 의심치 않으며 그 계산결과를 다른 사람들에게도 강요한다고 가네코는 믿었다.

예를 들면 마이크로스위치의 개당 원가는 그것을 구성하는 부품원가와 로봇을 작동하는데 드는 제비용(노무비, 전기료, 수선비, 소모품비 등), 그리고 생산율로 정해진다.

그러므로 불량품이 많이 생산된 날과 불량품 없이 순조롭게 생산된 날의 제품원가가 동일하지 않은 것은 상식적으로 생각해보면 누구나 알 수 있는 사실이다.

하지만 경리부 직원들은 하나같이 "한 달 동안 생산된 같은 제품의 원가는 모두 같다."라고 말한다. 그런 발상이야말로 그들이 생산

현장의 내부사정을 전혀 고려하지 않고 제품원가를 계산하고 있다는 반증이라는 것이 가네코의 생각이었다.

'아무것도 모르는 바보들……'

경리부와 제품원가에 대한 이야기를 할 때면 가네코의 마음은 항상 경멸과 냉소로 가득 차곤 했다. 그들은 결코 공장의 실태를 제대로 파악하려 하지 않는다. 그저 정해진 방법으로 계산하면 된다고 믿고 있다. 그야말로 '콩이나 세고 있는' 것이다. 그런 교과서적인 사고방식이 뼛속까지 배어든 경리부서의 수장이 제이피의 실권을 잡았다는 사실이 가네코는 걱정스러웠다.

아이치 도요하시의 술집

"당분간 이 된장 맛하고도 이별이군요."

그렇게 말하며 가네코는 된장 양념 꼬치구이를 볼이 미어터져라 입에 넣었다.

"그런데 의논할 일이란 게 뭔가?"

"나가노에 가면 로봇제작에 전념할 수 있겠죠. 정말 기대됩니다. 하지만 마음 한구석에는 저희들이 하는 일을 정당하게 평가받을 수 있을지 불안합니다."

늘 잠이 덜 깬 얼굴로 남이 뭐라 하건 신경 쓰지 않는 가네코가 불안함을 나타내어 미사와는 놀라움을 감추지 못했다.

"자네 일은 항상 높이 평가하고 있다네."

미사와는 당황한 목소리로 대답했다.

"그게 아니라 저희가 만드는 제품의 원가를 과연 저희가 수긍할수 있는 방식으로 계산해줄지 걱정입니다."

회계 담당자들이 제품원가를 자의적으로 해석해서 계산한 일이 가네코의 뇌리에 또렷이 남아 있었다.

미사와는 난감한 얼굴로 말했다.

"난 회계에 대해선 잘 모르네. 하지만 다츠야 부장은 마나카나 마다라메하곤 다른 사람이야. 정당한 평가를 내릴 사람이라고 믿네."

"어째서 상무님은 그렇게 단언하실 수 있죠?"

가네코가 감정적인 어투로 되물었다.

"사장님과 다츠야 부장, 셋이서 제이피의 향후 방안을 이야기했을 때 말이네. 다츠야 부장은 사장님에게 이렇게 말했다네. '회사 재건 계획을 성공하려면 세 가지 조건을 충족해야 합니다. 첫째, 선진 업무 모델(Best Practice)을 벤치마킹할 것. 우선 세계최강의 전자부품업체인 미국 UEPC사(United Electric Parts Corporation)의 사업 모델을 참고하겠다'고 했지.

둘째, 성과를 최대화하기 위해 경영자원을 한 가지 사업에 집결할 것. 물론 마이크로스위치를 말하네.

마지막으로 셋째, 그 마이크로스위치 사업을 사내에서 가장 유능한 인재에게 맡길 것. 그게 바로 자네야."

"가장 유능한 인재요? 그건 상무님이시잖아요."

"그렇지 않아. 로봇제작 분야에서 자네는 독보적인 존재야. 하지만 그건 다츠야 부장이 자네를 지명한 이유 중 일부에 지나지 않아."

"또 다른 이유가 있나요?"

"자네에겐 젊음과 열정이 있어. 안타깝게도 난 자네 만한 능력과 열정, 시간이 없네. 또 다츠야 부장은 자네를 존경하고 있다네."

"다츠야 부장님이 절 존경한다고요? 아무리 그렇게 말씀하셔도 경리부 사람들에 대한 불신감을 씻어낼 수가 없네요. 미사와 상무님도 생각이 저와 같지 않으셨나요?"

"가네코, 내일 당장이라도 본사에 가서 다츠야 부장과 이야기를 해보면 어떻겠나? 자네 심정을 툭 터놓고 말해서 향후 방안을 정하게. 난 자네가 제이피의 미래를 짊어질 존재라고 믿네. 하지만 자네의 장래를 구속할 생각은 없어. 자네 인생을 결정할 책임은 자네 자신한테 있으니까 말일세."

가네코는 묵묵히 미사와의 말에 귀를 기울였다. 그리고 잠시 후 입을 열었다.

"로봇제작은 제 천직이라고 생각합니다. 지난주에도 대학원 시절의 교수님이 연구실에서 일하지 않겠냐는 전화를 주셨어요. 이 공장이 폐쇄된다는 이야기를 어디선가 들으셨나 봐요. 하지만 전 미사와 상무님과 일하는 게 최고의 경험이 될 거라고 믿습니다. 다른 대학이나 회사에서는 이렇게 최첨단 연구를 할 수 없기도 하고요.

그래도 이렇게 불신감을 품은 채로 일하고 싶진 않아요.”

만약 자신이 그 나이라면 가네코와 똑같은 말을 했을지도 모른다고 미사와는 생각했다.

“전에 내린 결정을 이제 와서 뒤집는 건 말이 안 된다고 저도 생각합니다. 하지만 나가노 공장에 갈지 안 갈지는 내일 다츠야 부장님과 이야기한 뒤에 결정하겠습니다.”

“자네 결정이 어떻든 간에 난 무조건 자네를 지지하겠네.”

미사와는 미소 띤 얼굴로 그렇게 말했다.

🔑 회계는 합의다 _ 11월 6일

제이피 본사 임원실

가네코가 도쿄의 본사를 방문한 것은 이번이 처음이었다. 본사 빌딩은 소문 이상으로 으리으리했다. 가네코는 접수대에 놓여 있는 전화기의 단축 번호를 눌렀다. 잠시 후 한 여자가 나와 가네코에게 가볍게 고개를 숙였다.

“가네코 씨지요? 전 경리부 마리예요.”

“마리 씨요? 그럼 경리부 과장님……?”

전화상으로는 몇 번 이야기했지만 가네코가 마리를 직접 만난 건 처음이었다. 마리는 “이쪽으로 오시죠.”라며 다츠야가 기다리는 전무실로 안내했다.

"방이 참 넓군요."

이 방은 얼마 전까지만 해도 제이피를 좌지우지했던 마나카의 과시용 전무실로 쓰인 곳이었다.

"이 방의 월 임대료가 얼마인지 모르시죠? 자그마치 150만 엔이나 됩니다."

다츠야는 난데없이 임대료 이야기를 꺼냈다.

"너무 비싸다는 말씀이신가요?"

가네코는 좀 당황한 기색으로 되물었다.

"원래는 마나카 전무가 썼지만 지금은 회의할 때나 잠깐 이용합니다. 하긴 전무실로 쓰나 회의실로 쓰나 낭비는 낭비죠."

"낭비요?"

가네코가 되물었다.

"그래요. 이 방은 우리 회사에 그 어떤 가치도 창출해내지 못합니다. 생각 같아서는 당장 방을 빼고 싶지만 계약 만기가 내년 3월이라 울며 겨자 먹기로 돈을 내고 있어요."

'낭비를 없앤다⋯⋯.'

그것은 미사와가 가네코에게 입버릇처럼 하던 말이었다.

"그런데 미사와 상무님이 전화로 가네코 씨가 경리에 대해 불신감을 품고 있으니 이야기를 좀 들어달라고 하시더군요. '가네코는 보기보다 쇠고집이네.'라고 덧붙이면서요."

그렇게 말하며 다츠야가 미소를 지었다. 하지만 가네코는 여전히 굳은 표정으로 다츠야에게 불만을 털어놓았다.

"간단히 말해서 전 지금까지 경리부 사람들이 해온 일을 보면 그들을 믿을 수가 없습니다."

"가네코 씨, 그건 실은 나도 그래요. 현장을 모르는 경리가 계산하는 수치가 무슨 도움이 되겠습니까? 난 가능한 한 현실이 반영된 제품원가를 알고 싶어요. 하지만 공장에 대해선 아는 바가 없고 따라서 정확한 제품원가를 낼 수도 없는 상황입니다. 그러니 가네코 씨가 공장의 실태를 알려줬으면 하는데요."

다츠야가 솔직하게 속내를 이야기했다.

"하지만 부장님은 회계 전문가가 아닌가요?"

가네코는 다츠야가 왜 그런 요청을 하는지 알 수 없었다. 아이치 공장에서 일하는 기우치마저도 현장의 목소리에 귀를 기울이지 않기 때문이었다. 다츠야는 전문가라는 말을 듣고 쓴웃음을 지으며 대답했다.

"물론 회계를 공부했으니 내 머릿속에는 회계지식이 가득 들어 있죠. 하지만 지식만으론 소용이 없어요."

"예? 지식이 소용이 없다니요?"

가네코는 어리둥절한 얼굴로 되물었다. 자신은 대학시절에 배운 기술 지식을 지금 하는 일에 적용하고 있다. 그런데 경리 부장은 대학에서 공부한 회계지식이 실제 일에 도움이 되지 않는다고 한다.

가네코는 다츠야의 말이 아리송하기만 했다.

"가네코 씨, 회계는 자연을 대상으로 한 학문이 아닙니다. 가네코 씨가 대학에서 배운 물리학처럼 절대적인 사실을 규명하는 것이 아니에요.

회계기준은 사업을 할 때 그 사업에 참여하는 사람들이 합의해서 내린 결정을 말합니다. 그 결정에 불만이 있을 수도 있죠. 그 결과 도출된 회계수치가 왜곡되어 있을 수도 있어요. 하지만 그건 별문제가 안 됩니다. 한번 지키겠다고 결정했으면 다소 불편하거나 비합리적이라도 모든 이가 계속 지키는 게 중요하거든요. '당사자들의 합의', 이것이 회계의 전제입니다.

그렇지만 관리회계는 회사 경영에 도움을 주는 것이 목적입니다. 사실을 제대로 반영하게끔 그 회사 내부에서 독자적으로 규칙을 정해야겠지요. 그러려면 우리 같은 회계부서는 회사가 하는 일이 무엇인지부터 이해해야 합니다.

아무리 학교에서 배운 지식을 총동원한들 현장을 모르면 회사 실태를 제대로 파악할 수 없을 테니까요."

가네코는 다츠야가 사실을 얼버무리거나 거짓을 말하는 게 아니라는 것을 느꼈다. 자신이 로봇제작을 하면서 고민하듯이 다츠야도 회계 업무에 대해 고민하는 것이다. 그래도 학교에서 배운 회계 지식을 실무에서 써먹을 수 없다는 말은 아직도 수수께끼처럼 들렸다.

"부장님 말씀을 듣고 있으면 대학에서 회계를 공부하는 건 헛수고 같은데요."

가네코가 직설적으로 말했다.

"절대 헛수고는 아닙니다. 그게 아니라 공부가 부족했다고 통감하는 거죠. 회계, 특히 관리회계는 그 회사 업무와 정보시스템을 모르면 무용지물입니다. 하지만 난 현업에 대한 지식이 없어요. 그래서 회계상으로 공장을 어떻게 표현하면 좋을지 잘 모르겠어요. 관리회계의 규칙은 우리 경리부만으론 정할 수 없다는 말이지요."

"다츠야 부장님 말씀으론 공장 실적이나 제품원가를 계산하는 규칙을 만들려면 우리같이 현장에서 일하는 사람들의 동의가 필요하다는 건가요?"

가네코가 몸을 앞으로 내밀며 물었다.

"물론입니다! 아까 회계의 전제는 합의라고 했지요? 그러려면 자기 입장만 생각해서 불합리한 규칙을 강요해선 안 되지요. 규칙을 정할 때는 서로 약간의 타협이 필요합니다. 그래서 난 공장 업무뿐 아니라 경리에 대한 불만 같은 모든 일을 알고 싶습니다. 이제 이해가 되나요?"

가네코는 두근거리는 가슴을 진정시키려 애쓰며 말했다.

"이제야 안심이 되네요. 그럼 제 생각을 말씀드리지요."

가네코의 이야기가 시작되었다.

합리성이 결여된 원가

"마이크로스위치를 제작하는 건 보통 힘든 일이 아닙니다. 저희는 몇 달 동안 로봇을 설계해서 부품 제작부터 시작하지요. 일단 로봇이 완성되면 시제품을 만들고 또 만들면서 세세한 부분을 수정합니다. 불량률이 5% 미만으로 떨어지지 않으면 로봇 양산허가가 나지 않으니까요. 미사와 상무님 말씀으로는 불량률이 2% 미만이어야 비로소 품질안정화가 이루어졌다고 할 수 있다더군요. 그래서 2% 미만으로 떨어뜨려서 양산체제에 들어가면 이번엔 또 택트타임(Takt Time)을 줄이라는 지시가 떨어집니다."

이때 마리가 끼어들었다.

"저, 죄송하지만 택트타임이 뭔가요?"

"택트타임이란 생산라인에서 제품 한 개를 만드는 데 소요되는 시간입니다. 각 라인에서는 여러 종류의 제품을 만들기 때문에 제품별로 가동시간을 생산제품 수로 나누어 계산하지요."

"로봇의 작업 속도를 높이면 택트타임이 단축된다는 말인가요?"

"로봇 속도만 높여서 해결될 문제가 아닙니다."

가네코가 대답했다.

"마리 과장님, 관현악을 좋아하시나요? 지휘자가 지휘봉을 휘두르는 건 모든 연주자의 박자를 맞추기 위해서지요. 스위치는 여러 공정을 거쳐 완성됩니다. 그때 각 공정의 작업시간이 제각각이라면 물건이 다음 작업으로 넘어가지 못해서 재공품이 쌓이게 되죠. 생산라인의 흐름을 정체시키지 않으려면 각 공정의 작업시간을 똑같이 맞춰야 합니다. 로봇에 의한 부품보급시간, 운반시간, 품질검사시간 등 모든 공정을 로봇의 속도에 맞추어서 균등하게 배분해야 하죠."

마리도 그 말이 맞다고 생각했다.

"그뿐만이 아니에요. 택트타임을 단축해도 로봇이 멈춰버리면 아무 소용없어요."

"그게 무슨 뜻이죠?"

마리는 가네코의 말을 잘 이해할 수 없었다.

"어떤 제품의 생산이 끝나고 다른 종류의 제품을 만들 때는 로봇을 일시 중단시키고 다음 준비에 들어갑니다. 이 준비과정에 시간이 소요될수록 택트타임이 길어지는 거죠."

"어째서요?"

마리는 고개를 갸웃했다.

"준비 작업을 하는 동안, 생산 도중인 제품은 로봇을 점유하고 있거든요. 그러니까 그 제품에는 그 시간만큼의 로봇에 대한 원가가 투입되어 있다고 생각해야 합니다."

"저, 죄송하지만… 좀 더 풀어서 설명해주세요."

가네코의 불만을 완벽하게 이해하고 싶은 마리는 주저하지 않고 질문했다. 그러자 가네코의 이야기를 듣고 있던 다츠야가 입을 열었다.

"가네코 씨, 다시 말하면 이런 건가요? 로봇은 가동 여부에 상관없이 원가가 들기 마련이다. 만약 준비과정 없이 같은 제품을 계속해서 만들어낼 수 있다면 그 로봇은 더 많은 제품을 생산할 수 있을 것이다. 그러므로 준비과정에 드는 로봇의 원가도 제품(재공품)이 부담해야 한다. 이런 말인가요?"

"예, 그렇습니다. 아무것도 하지 않아도 사람과 기계에는 원가가 발생합니다. 예를 들면 하루에 생산라인을 작동하는 데 인건비나 기타 경비가 80만 엔이 든다고 합시다. 하루에 8시간을 일하면 시간당 10만 엔의 원가가 듭니다.

생산라인을 가동하든 안 하든 한 시간에 10만 엔의 원가가 들기 때문에 저희는 시간을 낭비하지 않으려고 아등바등합니다. 준비과정을 단축하려면 어떻게 해야 하는지, 작업 중에 로봇이 멈춰버리는 원인이 무엇인지, 로봇이 고장 나는 걸 방지하려면 어떻게 해야 하는지, 그와 더불어 택트타임을 단축하려면 어떻게 해야 하는지……. 오로지 그 일만 생각하지요.

하지만 경리부 사람들은 다릅니다. 기우치 과장은 지금도 마다라메 부장님이 계시던 무렵의 계산방법을 고수하고 있어요. 재료비에 일정비율을 곱한 가공비를 더한 금액이 제품원가라고 고집하며 말을 들어먹질 않아요."

다츠야는 가네코의 이야기에 집중하며 뇌세포를 풀가동시켰다. 하루에 드는 로봇 유지비는 고정되어 있으므로 일일 생산량을 늘리는 데에 중점을 둬야 한다는 것이 가네코가 하는 말의 요지였다. 일일 생산량이 늘어날수록 제품원가가 낮아지기 때문이다.

"예전에 사이고 회계사님이 마다라메 부장님의 원가계산 방법을 비판한 적이 있었죠. 재료비를 기준으로 삼아 가공비를 배부하는 방법으로는 생산이 증가해도 제품원가가 낮아지지 않고 양산효과가 나타나지 않는다. 그러니 가공비를 계산할 땐 시간을 기준으로 삼아야 한다고요."

"그분은 어떤 시간을 기준으로 삼으라고 했나요?"

다츠야의 말이 끝나기가 무섭게 가네코가 되물었다.

"사람의 작업시간이나 기계 가동시간이었던 것 같은데요."

다츠야의 말에 가네코는 고개를 휘휘 저으며 지겹다는 표정으로 대답했다.

"그 회계사님도 아무것도 모르는군요. 사람이나 기계의 가동시간으로 제품원가를 계산하는 건 잘못된 겁니다. 제가 말하는 시간이란 생산라인을 통과하는 시간입니다. 생산라인을 빨리 통과할수록 많은 제품을 만들 수 있죠. 그렇기 때문에 제품원가가 내려가는 거고요. 제품원가는 생산 스피드로 결정됩니다. 이런 건 유치원생도 다 아는 얘기 아닙니까?"

가네코는 답답한 마음에 비난조로 말한 것이 후회되었는지 곧, "죄송합니다. 제가 그만 흥분해서……."라며 고개를 꾸벅 숙였다.

"즉, 생산 속도, 생산라인의 가동과 비가동시간, 불량률 등을 제품원가 계산에 반영하지 않으면 정확한 제품원가를 계산할 수 없다는 말이군요? 나도 동감입니다."

그 말을 듣고 가네코의 표정이 환해졌다.

"저는 회계의 '회'자도 모릅니다. 하지만 부장님이 말씀하신 방법으로 제품원가를 계산해주신다면 저희도 더욱 의욕이 솟을 것 같습니다."

"관리회계의 뼈대를 구축하려면 경리부서와 현업부서 구성원이 머리를 맞대고 합의해야 할 점이 많아요. 오늘 이렇게 이야기를 할 수 있어서 나도 자신이 생겼습니다. 가네코 씨, 나가노 공장을 잘 부탁합니다."

다츠야는 가네코의 손을 힘차게 잡았다.

긴자의 고급 술집 '마키'

"어머, 오랜만에 오셨네요."

마키는 사코타의 손을 잡고 고급스럽고 중후한 느낌이 나는 소파로 안내했다. 그리고 항상 마시는 밸런타인 30년산을 리델 글라스에 따라서 사코타에게 건넸다.

"2주 동안이나 발걸음을 하지 않으시고 너무 하세요."

그런 마키를 무시하며 사코타는 모에를 지명했다.

"오늘 그 애는 안 나왔나?"

"모에요? 사코타 씨가 오시길 목이 빠져라 기다리고 있었죠."

잠시 후에 모에가 나타나더니 사코타 옆에 앉았다.

"네 향수냄새가 자꾸 생각나서 말이야."

사코타는 모에의 목덜미에 얼굴을 가까이 가져갔다.

"모에, 마나카를 알고 있다고 했지?"

"전에 있던 회사의 상사였어요."

"요즘엔 안 만나나?"

"회사를 그만둔 뒤엔 한 번도……."

"사실은 마나카에게 네 얘기 많이 들었어. 세상이 허락한다면 너와 함께하고 싶었다고 하더군."

'세상이 허락한다면…….'

모에는 내심 짜증이 났지만, 마음을 다스리며 이렇게 대답했다.

"… 저한테 정말 잘 해주셨어요. 짧았지만 참 행복했었죠."

"실은 마나카가 우리 대학 산악부 졸업생 모임에 오랜만에 얼굴을 내밀었어. 그 회사 사장과 애송이한테 복수하고 싶다고 하더군. 얼마나 심하게 당했으면 그러는지."

"마나카 씨는 힘드셨을 거예요……."

모에는 사코타의 가슴에 몸을 기대더니 달콤한 소리로 그의 귓가에 속삭였다.

"부탁이에요. 마나카 씨의 힘이 되어주세요. 저를 위해서도……."

그 순간 사코타는 마나카와 모에가 단순한 관계가 아님을 느낄 수 있었다.

'흔해 빠진 불륜관계인 줄 알았는데 이제 보니 공동의 적을 둔 동지인가?'

사코타는 모에가 지난번에 '매월 고액의 청구서가 왔기 때문에 '마키'를 기억한다'라고 한 말을 떠올렸다.

"넌 왜 이 가게에서 일하게 되었지?"

"여기서 기다리고 있으면 언젠가 마나카 씨를 만날 수 있을 거라고 생각해서……."

모에가 관능적인 미소를 지었다.

하지만 사코타는 넘어가지 않았다.

'꾸며낸 이야기로군.'

"그 사건이 일어난 뒤 별거 중이었던 마나카와 부인이 다시 합쳤다는 건 모르지?"

그렇게 말하며 사코타는 모에의 표정을 찬찬히 살폈다.

"그래요? 다행이네요."

뜻밖에도 모에는 한시름 놓았다는 듯이 말했다.

"사모님은 마나카 씨와 저를 의심하고 있었어요. 하지만 우린 정말 아무 일도 없었어요. 아무리 오해라지만 사모님한테 죄송스러워서……."

"오해?"

"어떤 사람이 사모님한테 그렇게 일러바친 거죠. 누구 짓인지도 알고 있지만, 입 밖에 낼 생각은 없답니다. 그렇게 하면 이번엔 그 사람이 다치게 되니까요……."

모에는 사코타의 어깨에 기대어 그렇게 말하고는 서글프게 고개를 숙였다.

사코타는 주변을 한번 둘러본 다음 나지막하게 말했다.

"걱정하지마. 마나카는 내가 아끼는 후배야. 이미 손을 써놨어."

"정말이요? 하지만 어떻게 하셨는지 물어보면 안 되겠지요?"

모에는 다시 한번 슬픈 표정으로 고개를 떨어뜨렸다.

사코타는 그런 모에의 손을 잡으며 "말 못할 것도 없지."라며 이렇게 말했다.

"앞으로 그 회사에 일체 자금 원조를 하지 않기로 결정했지. 물론 차입금은 제날짜에 상환해야 해. 하루라도 연체한다면 그 회사의 재산을 차압하기로 했어. 아주 간단하지?"

그러자 모에의 표정이 미묘하게 변했다.

"그것뿐인가요?"

"그거면 되지 않나? 네가 더 잘 알겠지만, 그 회사는 은행 차입금 없이는 운전자금이 돌아가지 않아. 일부러 무슨 수를 쓸 필요도 없어. 그저 호흡기를 떼버리기만 하면 돼."

모에는 사코타의 잔에 밸런타인을 따랐다.

"하지만 그 회사가 파산하면 상무님의 은행도 피해를 입지 않을까요?"

"내 걱정도 해주다니 기특한데?"

사코타는 모에의 손을 잡았다.

"제이피는 이달 말을 못 넘길 거야. 그렇게 되면 미국의 투자펀드사에게 제이피에 대한 채권을 매각하기로 했지. 그것도 헐값에 말이야."

"채권을 파는 건가요……."

"그 투자펀드사는 제이피에게 열을 올리고 있어. 그런 회사의 어디가 좋다고 그러는지 도통 모르겠단 말이야."

사코타는 한껏 기분 좋은 얼굴로 모에에게 초밥이라도 먹으러 가지 않겠느냐고 권했다.

"전 낮에 다른 일을 해서 어렵겠네요."

모에는 완곡하게 거절했다.

"그렇군."

사코타는 지갑에서 만 엔을 꺼내어 모에의 손에 슬그머니 쥐어주었다.

"또 오지."

사코타는 검은색 차에 몸을 실었다. 모에는 차가 시야에서 완전히 사라질 때까지 사코타를 배웅했다.

제이피의 운명

한밤중의 사장실.

"이 상황으로는……."

가네코가 아이치 공장으로 돌아간 뒤, 경리과장인 마리는 월말까지의 자금운용계획표를 마스오와 다츠야에게 보였다. 자금운용계획표대로면 앞으로 2주 동안은 아주 빠듯하게 자금이 돌아간다. 11월 25일에 매입대금을 결제해야 하고 11월 말까지는 미쓰사와부동산의 채무와 차입금을 상환해야 한다. 전부 합해서 20억 엔. 상환하지 못하면 제이피의 목숨은 그날로 끝이다.

마스오도 마리도 제이피는 해를 넘기지 못할 거라고 거의 체념한 상태였다. 하지만 다츠야만은 평소와 다름 없이 "괜찮을 거야."라고 대답했다.

"다츠야 부장, 정말로 괜찮은 건가?"

마스오는 뻣뻣하게 굳은 얼굴로 다츠야에게 물었다.

"물론 넋 놓고 보고만 있으면 마리 과장 말대로 부도가 나겠죠. 하지만 전 희망이 있다고 봅니다."

다츠야가 힘차게 단언했다.

"설마 하늘에서 동아줄이 내려오길 기다리는 건 아니시죠?"

마리가 이렇게 물었다.

"동아줄이 내려오길 기다리는 게 아니라 내려오게끔 해야지."

그러면서 다츠야는 마스오에게 말했다.

"내일 런던에 좀 다녀오겠습니다."

"좋은 소식을 기대하겠네. 잘하고 오게나."

마스오는 이렇게 말하며 다츠야의 손을 굳게 잡았다.

2부
린다의 덫

🔑 우정 _ 11월 7일

런던 히드로 공항

다음날, 다츠야는 나리타 공항에서 런던행 비행기를 탔다. 다츠야가 히드로 공항에 도착하자 싱가포르 대학 시절의 친구 제임스가 나와 있었다. 그는 현재 영국 에든버러 투자회사의 펀드매니저로 일하고 있다. 다츠야는 제임스가 아끼는 애스턴마틴에 몸을 실었다.

"여기 상황도 말이 아니야. 미국 금융위기 여파 때문에 영국 파운드가 급락했어. 한 달 전에 네가 대출신청을 했던 900만 파운드는 지금은 12억 엔으로 가치가 뚝 떨어졌어."

'8억 엔이나 모자란단 말인가……'

제임스의 말에 다츠야는 망연자실했다.

"다츠야, 이 차 얼마일 것 같아?"

"10만 파운드 정도……?"

"이 차 너한테 팔게! 사실은 1만 파운드에 샀어."

한 달 전까지만 해도 이 차의 임자는 제임스의 고객이었다. 그런데 주가폭락으로 빈털터리가 된 차 주인은 제임스에게 1만 파운드에 차를 양도한 것이다.

"난 미니쿠퍼로도 충분하지만, 사정이 너무 딱해서 말이지…….
그만큼 영국도 엉망이야."

제임스가 운전하는 차는 고속도로를 빠져나가 은행과 보험회사, 증권거래소 등이 밀집한 런던 시가지로 들어섰다. 이 부근은 시티라고 불리는 금융 중심지다. 얼마 후 차는 도로에 면한 작은 호텔 앞에서 멈췄다.

"자, 도착했어. 여긴 3성급이지만 깨끗하고 보안 상태도 좋아."

'여전하구나…….'

다츠야는 싱가포르 유학 시절을 떠올리며 저도 모르게 미소 지었다. 학생 때에도 제임스는 돈을 허투루 쓰는 법이 없었다. 지금은 어마어마한 규모의 돈을 주무르는 펀드매니저다. 그런데도 변함없이 검소한 생활을 하고 있다.

"그럼 두 시간 뒤에 이 레스토랑에서 보자."

제임스는 가게 명함을 건넸다.

"다츠야, 영국 음식을 얕보지 마. 맛있다는 말이 절로 나올걸? 식사 후에는 내 단골술집에서 한잔 걸치자고."

이렇게 말하고 제임스는 호텔을 떠났다.

단골술집

"그렇게 맛있는 중국 요리는 싱가포르 시절 이후에 처음이야."

다츠야는 바 카운터에 걸터앉아 만족스러운 표정으로 말했다.

"내 말이 맞지? 런던은 인도 요리, 프랑스 요리, 이탈리아 요리도 맛있어. 유감스럽게도 영국 요리는 별로지만."

제임스는 학생 시절과 똑같은 얼굴로 웃었다.

"자, 그럼 슬슬 본론으로 들어가 볼까?"

다츠야는 제이피에 대해 이야기했다. 높은 기술력을 보유하고 있지만 경영진의 잘못으로 궁지에 몰렸고, 마나카 전무가 남겨놓고 간 선물로 인해 존폐의 위기에 직면하게 된 일을 간결하게 설명했다. 이야기 막바지에 다츠야는 자신도 모르게 이렇게 외쳤다.

"제이피는 절대 망하면 안 되는 회사야!"

가게 안의 손님들이 깜짝 놀라며 다츠야에게 시선을 주었다.

"경기침체를 극복할 수 있는 해결책은 금융의 힘이 아니라 개혁이야. 제이피가 망한다면 위기에 빠진 세계경제에 뼈아픈 손실이 될 거다. 난 돈이나 구걸하려고 여기까지 온 게 아니라 사업 파트너로서 투자하라는 거야."

제임스로부터 곧바로 대답이 돌아왔다.

"세계경제를 위해서 네 콩알 만한 회사에 대출을 해달라는 말이지? 재미있군. 네 제안을 받아들이지. 20억 엔같이 쩨쩨한 금액 말고 30억 엔도 조달해줄 수 있어. 그 정도는 융통할 수 있으니까 필요한 액수를 말해봐."

다츠야에겐 그보다 더 큰 응원이 없었다.

"다츠야, 오해하진 마. 예전에 넌 의리니 인정이니 하는 말을 하곤 했었지. 솔직히 말해서 난 그런 감정을 이해할 수 없어. 그러니까 감정적인 이유로 널 돕는 게 아니야. 어디까지나 비즈니스지. 그래서 말인데, 조건이 있어."

"조건?"

"6개월 후, 즉 내년 4월까지 실적을 내. 만약 결과가 좋지 않을 땐 특허권을 접수하겠어."

"뭐라고……."

다츠야는 할 말을 잃었다.

"마이크로스위치의 특허권을 탐내는 건 나만이 아냐. 린다도 그래."

"린다라니……."

"전에도 말했잖아. 린다가 네 회사를 노리고 있다고. 린다는 지금 도쿄에서 간토비즈니스은행에 팍팍 압력을 넣고 있을걸?"

다츠야는 멍하니 제임스를 쳐다보았다.

"린다는 네 회사를 20억 엔에 산다면 100억 엔은 벌 수 있다고 했어."

"왜… 제이피를……."

"그야 비즈니스니까. 다른 이유도 있지만."

"다른 이유가 있다고?"

다츠야는 그 이유란 게 짐작이 가지 않았다.

"네가 린다의 마음을 짓밟았으니까."

"내가 린다의 마음을?"

"게다가 린다의 꿈을 깨뜨리고 자존심에 상처를 입혔지. 린다는 너와 함께 비즈니스를 하고 싶어 했어."

'당신과 함께라면 금융계를 지배할 수 있어.'

린다의 목소리가 다츠야의 귓가에서 맴돌았다.

"린다는 널 독점하고 싶어 했어. 하지만 넌 이런저런 구실을 대고 린다를 떠났지. 린다는 버림받았다고 생각했을 거야."

다츠야는 제임스의 말이 황당하기만 했다. 물론 싱가포르 시절에 두 사람은 서로 사랑했다. 하지만 결혼을 약속한 사이는 아니었다. 함께 비즈니스를 하면 좋겠다는 식으로 막연한 꿈을 말했을 뿐이었다.

'아니, 내가 뭘 그렇게 잘못했다고…….'

"넌 원래 금융 분야에 관심이 없었지. 린다도 제조업에는 눈길도 주지 않았어. 하지만 린다는 네 마음을 이해하고자 전자부품 제조사에 취직했어. 넌 그런 린다의 마음을 짓밟은 거야."

"제조사라니······."

다츠야는 린다가 투자은행에서 근무하고 있을 거라고만 생각했다. 그런데 린다가 제조사에 취직했다는 것이다.

"린다는 그 회사에서 마케팅을 담당했어. 그리고 전자부품업계에 대해 조사하면서 제이피의 존재를 알게 되었지. 그 회사 CFO가 너란 사실도 말이야. 제이피는 네 말대로 혁신적인 특허를 여러 개 갖고 있어. 만약 그것들이 본격적으로 양산된다면 엄청난 효과가 있을 것이고 지금의 경제위기를 이겨낼 구세주가 될지도 몰라. 하지만 경영진은 그 가치를 전혀 모르더군. 한술 더 떠서 주거래은행은 황금알을 낳는 거위를 잡아먹으려 하고 있어. 린다는 그걸 알아차렸지."

청산유수로 말을 이어가는 제임스에게 다츠야가 제동을 걸었다.

"우리 회사는 주주총회 승인이 없으면 주식을 타인에게 양도할 수 없게 되어 있어. 게다가 주식 대부분은 경영자의 친인척이 보유하고 있지. 과반수는커녕 단 한 주도 입수할 수 없을걸."

그러자 제임스가 웃음을 터뜨렸다.

"다츠야, 그렇게 똑똑한 네가 무슨 잠꼬대 같은 소리를 하는 거야. 린다는 간토비즈니스은행한테서 제이피의 채권을 사서 차입금 대신 특허권을 차압하려 한 거야."

제임스는 과거형으로 말했다.

그리고 또 하나의 조건을 내걸었다.

"실적이 올라가면 대출금을 주식으로 변환할 것, 다시 말해 출자전환(Debt Equity Swap, DES)이지. 출자비율은 49%면 돼. 경영권까지 뺏을 생각은 없어. 제이피가 회생하면 투자한 현금은 다섯 배 아니 열 배가 되어 돌아올 테니까."

즉, 제임스가 내건 조건은 제이피가 파산하면 특허권을 차압하고 실적이 회복되면 대출금과 주식을 교환한다는 것이었다.

"…… 좋아. 그 조건을 받아들이지."

"네 수완을 믿겠어."

제임스는 오른손을 내밀었다.

🔑 반발하는 직원들 _ 11월 10일

제이피 사장실

다츠야가 CFO로 취임한 뒤, 매주 월요일에는 본사에서 그 전 주의 실적과 금주 일정을 보고하는 회의가 열렸다. 월말 결산자료만으로는 신속한 의사결정을 할 수 없기 때문이다.

하지만 다츠야가 런던에 머물고 있기 때문에 CFO가 없는 채로 주간회의가 시작되었다.

먼저 마리가 실적보고를 시작했다.

"마이크로스위치의 수주 잔량이 전년대비 50%로 급감했습니다."

경리과장인 마리의 목소리에 기운이 하나도 없다.

"자동차산업이 휘청거리니……."

마스오가 한숨을 내쉬었다.

"우리 회사는 앞으로 3주짜리 목숨입니다. 뭘 해도 헛수고예요."

가슴을 짓누르는 답답한 분위기의 회의실에서 아이치 공장 경리과장인 기우치가 이렇게 내뱉었다. 불난 데 부채질하는 꼴이다. 그때 회의실 전화기가 울렸다. 마리가 수화기를 들었다.

"부장님이세요? 알겠습니다. 바꿔드릴게요."

마리는 수화기를 마스오에게 넘겼다. 마스오는 "응, 응." 하고 연신 고개를 끄덕여가며 다츠야의 보고에 귀를 기울였다.

"고맙네."

마스오는 이렇게 말하고 전화를 끊었다.

"대출을 받았다는군! 그리고 신제품 생산라인을 허가해달라고 하는군."

마스오는 흥분을 감추지 못하고 다츠야의 이야기를 전했다.

"그게 정말입니까?"

미사와의 입가에서 미소가 새어나왔다.

하지만 기우치의 입에서 뜻밖의 말이 튀어나왔다.

"대출이라고 해봐야 일시적인 거 아닌가요? 그리고 설비투자요? 말도 안 돼. 다츠야 부장님은 도대체 무슨 생각이신지 모르겠군요."

마리가 말을 가로챘다.

"다츠야 부장님은 '회사를 살리는 건 기술력이다, 그러니 지금이 야말로 투자를 해야 할 때'라고 했어요. 지금 그 투자자금이 마련된 거고요."

미사와도 마리의 말을 거들고 나섰다.

"시제품 제조가 막 끝난 단계이지만 그걸 사용하면 필요 소비전력을 40% 이상 절감하는 효과가 있습니다. 다시 말해 자동차, 가전제품, 산업기계 등 모든 제품의 소비에너지를 절감해서 이산화탄소 배출량을 억제할 수 있다는 이야기죠."

"다츠야 부장은 그 제품에 대한 설비투자 자금을 조달한 거로 군?"

마스오의 목소리가 들떠 있다.

또다시 불만스러운 표정으로 기우치가 입을 열었다.

"사장님은 그런 꿈같은 이야기를 믿으십니까? 지금은 커넥터와 가변저항기 생산을 계속해서 현 상황을 견뎌내야 할 때입니다. 요즘 같은 때에 설비투자라니, 전 절대 반대입니다."

그러자 어지간해서는 화를 내지 않는 미사와가 언성을 높였다.

"아니 잠깐. 왜 자네는 설비투자에 반대하는 건가? 이유를 한번 말해보게."

"제가 하고 싶은 말은, 아무리 발버둥쳐도 우리 회사는 혼자 힘으론 일어설 수 없다는 겁니다."

"그건 답변이 되지 않아."

"그럼 분명하게 말씀드리죠. 투자 같은 건 관두고 유력한 회사의 산하로 들어가야 합니다."

"산하……."

"그렇게 하면 돈 걱정에서 해방될 수 있어요."

두 사람의 논쟁을 듣고 있던 마스오가 붉으락푸르락한 얼굴로 입을 열었다.

"기우치 과장, 자네는 지금 자금회전 문제를 해결하려면 다른 회사 밑으로 들어가야 한다는 건가?"

"… 아닙니다. 그런 선택도 있다고 말씀드린 거죠."

기우치가 황급히 꼬리를 내렸다.

히드로 공항 커피전문점

"짧은 기간이었지만 네 사업구상 잘 들었어. 기꺼이 협력하지."

"고맙다. 그런데 제임스, 태국 에라완 재벌의 소무챠이 기억나?"

"싱가포르 대학 동기인 그 친구?"

"방콕 교외에 있는 일본계 자동차회사와 협상이 마무리되면 로봇을 소무챠이의 공장에 들여놓고 마이크로스위치를 생산할 생각이야. 그리고 마이클 탄은 말레이시아의 최대 자동차용 부품제조사의 COO이고 베트남의 호와 인도네시아의 아드리아니는 상무성에서 일하고 있잖아? 그들한테도 협조를 요청할 생각이야."

다츠야가 눈을 반짝였다.

"다츠야, 아마 네 생각대로 잘될 거야. 하지만 그렇게 되면 나가 노 공장이 걱정인데? 네가 어련히 알아서 잘하겠지만 빈대 잡으려 다 초가삼간 태우진 마라."

제임스가 걱정스럽게 말했다.

"회사의 근간을 흔들지 말라는 거지? 걱정하지 마. 나가노 공장 의 인력 감축은 없을 거야."

"잠깐, 대규모 정리해고가 위험하다는 거지 아예 하지 말라는 소 리는 아니야."

제임스는 당황해서 되받았다.

"알고 있어. 너도 알겠지만 불과 15년 전만 해도 일본 기업은 종신 고용체제였어. 아무리 실적이 나빠도 경영자는 인건비를 건드리지 않았지. 회사에 취직하는 건 그 사람의 일생을 그 회사에 바친다는 뜻이었으니까. 하지만 2004년부터 제조업에도 파견사원을 고용할 수 있게 되면서 상황이 급변했어. 정부는 다양한 노동기회를 제공할 목적으로 노동자 파견법을 개정했다는 둥 떠들어댔지만 그건 궤변이 야. 단순히 인건비를 줄여서 기업을 살리자는 속셈일 뿐이야."

다츠야는 얼굴을 붉히며 열띤 어조로 비판했다. 그러자 제임스가 이렇게 질문했다.

"하지만 이번 경기불황이 들이닥치자마자 일본 기업은 파견사원 과 계약을 파기했어. 예기치 못한 불황에 대한 손실을 최소화하려는 거지. 이건 올바른 경영판단이라고 생각해. 그리고 비정규직은 원래 단기고용 조건을 감수하고 일하는 거니까 계약을 해지 당해도 어쩔 수 없는 측면이 있어. 너도 파견사원들과의 계약을 해지할 거지?"

다츠야는 고개를 가로저었다.

"난 파견계약을 해지할 생각은 없어."

제임스는 놀란 얼굴로 다츠야를 쳐다보았다.

"빈대를 잡는 시도도 안 하겠다는 거야?"

"그들은 빈대가 아니야."

"다츠야, 언제부터 이렇게 감상적인 사람이 된 거야? 난 불필요한 비용은 삭감해야 한다고 생각해. 설령 그것이 인건비라도 말이야."

"그게 아냐. 관리회계 강의내용 같겠지만 내 생각을 들어봐. 회사는 재료에 가치를 부여해서 제품으로 변환하고 그것을 고객에게 판매하지. 이게 비즈니스 활동의 가치창출 사슬이야."

제임스는 잠자코 수긍했다.

"그러면 그 비즈니스를 행하는 주체는 누구지?"

다츠야가 물었다.

"회사 직원들이겠지."

"맞았어. 직원들이야말로 가치창출 사슬의 핵심존재야. 그들이 정규직이건 계약직이건 상관없어. 제임스, 가치창출 사슬이 끊어지면 회사는 어떻게 될까?"

"가치를 창출할 수 없게 되겠지."

제임스는 그렇게 대답한 뒤 힘차게 고개를 끄덕였다.

"그래서 넌 파견사원을 자르지 않겠다는 거로군."

"이제 내 말뜻을 이해한 모양이군. 일자리가 없어지면 불쌍해서가 아니야. 회사가 가치를 창출하려면 그만한 사람의 지식과 경험이 반드시 필요해. 제이피 나가노 공장은 고용형태와 상관없이 전 직원을 지식노동자로 키워왔어. 그게 아이치 공장하고 다른 점이지. 그러니까 파트타이머건 파견사원이건 인건비가 변동비라는 이유만으로 계약을 해지할 순 없는 노릇이야."

"하지만……."

제임스는 다츠야를 보았다.

"아까 넌 스위치를 로봇으로 생산하겠다고 했잖아. 실제 생산에 들어가려면 앞으로 두세 달은 걸릴 테고, 그동안에는 이익이 나는 다른 제품으로 버텨야 할 텐데 지금 수준의 매출로 괜찮겠어?"

"마이크로스위치 생산량을 배로 늘릴 거야."

"아니, 뭐라고?"

제임스는 기가 막혔다. 사람과 기계는 그대로 두면서 생산을 배로 늘리겠다니 무슨 잠꼬대 같은 소리인가.

"예전에 우사미 스승님이 전체 제조비용 중에서 생산에 기여하는 건 30% 정도에 불과하다고 하신 적이 있어. 직원들이 하는 활동의

70%는 가치를 낳지 않는다는 뜻이지. 나가노 공장에서도 가치를 창출하는 시간은 기껏해야 40% 정도일 거야. 그걸 80%로 끌어올리면 생산량이 배로 늘어나겠지? 인건비는 동일하니까 제품원가는 내려갈 테고 이익이 큰 폭으로 오를 게 틀림없어. 그렇게 되면 신명나게 일할 수 있지 않겠어?"

다츠야의 눈이 반짝거렸다.

"시간을 효율적으로 활용하겠다, 그 말씀이지? 잘 알았어. 내 도움이 필요하면 언제든지 연락해."

제임스는 오른손을 내밀었다. 다츠야가 그 손을 꼭 잡았다.

"잘 해보자!"

다츠야는 재킷 주머니에서 탑승권과 여권을 꺼내어 출국 게이트로 향했다.

🔑 제이피 최후의 날 _ 11월 28일

경리부

"내일은 기념할 만한 날이 되겠군."

다츠야는 수첩을 들여다보며 혼잣말을 했다. 수첩에는 '12월 1일 (월). 미쓰사와 18억 엔 이행일'이라고 적혀 있었다. 간토비즈니스 은행은 제이피가 떠안은 미쓰사와부동산의 채무 결제기한을 월말로 통보했다. 그뿐이 아니다. 그날 상환해야 하는 차입금이 6억 엔이다. 은행관계자, 그리고 린다도 다츠야가 24억 엔의 상환자금을 마련했으리라고는 꿈에도 생각하지 못하고 있었다.

'지금쯤 축배를 들고 있겠지.'

상대방이 방심하고 있는 지금이야말로 일분일초를 아껴야 한다고 다짐하며 다츠야는 임원회의실을 향해 걸어갔다.

제이피 임원회의실

"이로써 우리 회사 자금 사정은 전혀 문제없습니다. 오늘 여러분을 모이도록 한 것은 향후 6개월 동안의 달성 목표를 설명하기 위해서입니다."

다츠야는 경리부 직원들과 공장 관리직들의 불안을 잠재우는 것이 급선무라고 생각하며 이렇게 말을 꺼냈다.

그러자 "만날 하는 이익 계획 말씀인가요?" 하고 기우치가 시큰둥하게 질문했다.

"아닙니다. 우리가 반드시 달성해야 하는 목표입니다."

다츠야는 불그스름한 얼굴로 목소리에 힘을 주었다.

다츠야는 A4용지의 자료를 사람들에게 배부했다. 자료에는 이렇게 적혀 있었다.

달성목표

① 매출인식기준을 출하기준에서 인도기준으로 변경
② 현금순환주기(CCC, Cash Conversion Cycle)를 9일로 단축
③ 매월 영업활동 현금흐름 1억 엔 달성

"이 목표들을 실현하지 못하면 전 직원이 일자리를 잃게 될지도 모릅니다."

다츠야는 이렇게 덧붙였다.

그러자 본사 경리부인 다나카가 손을 들었다.

"1번의 매출인식기준 말인데요, 지금 적용하고 있는 출하기준은 회계상으로도 세법상으로도 아무 문제가 없습니다. 그걸 왜 인도기준으로 변경해야 하죠? 인도기준으로 변경하면 제품수령증을 회수할 때까지 매출을 계상할 수 없어요. 왜 사서 고생해야 합니까?"

다나카의 격앙된 목소리에서 그의 반발심이 노골적으로 드러났다.

"출하기준이 제일 편합니다. 회계이론만 늘어놓지 마시고 실무자들도 좀 생각해주셔야죠."

기우치가 다나카를 옹호했다. 다츠야는 최근 기우치의 언동이 눈에 띄게 변했다고 느꼈다. 상사를 대놓고 비난하다니, 예전의 기우치라면 언감생심 꿈도 못 꿨을 일이다.

다츠야는 반발하는 두 사람에게 회계처리를 변경하는 이유를 설명했다.

"이론적으로나 실무적으로나 출하기준에는 중대한 결함이 있기 때문입니다. 그래서 인도기준, 즉 제품을 거래처에 인도한 시점에 매출을 계상하는 방법으로 바꾸기로 한 것이죠.

여러분도 아직 생생하게 기억하시겠지만, 작년도 제이피의 위장 매출 중 상당수가 출하기준의 맹점을 찌른 건이었습니다. 주문이 오지도 않았는데 공장에서 물건을 내보내 매출로 계상했죠. 원래 나갈 예정이 없는 출하였으니 당연히 반품이라는 형태로 회사로 돌아왔습니다. 인도기준으로 변경하면 제대로 된 증빙이 없는 주문은 매출로 계상하지 못할 겁니다."

기우치는 팔짱을 낀 채 고개를 좌우로 갸웃거리더니 다츠야를 힐난하듯 말했다.

"하지만 인도기준으로 하면 월말에 출하한 제품은 다음 달 매출로 넘어가 버립니다. 그럼 이익이 줄어드니까 보나 마나 은행 신용도가 확 떨어질 겁니다. 그래도 괜찮다는 겁니까?"

"그건 이익밖에 보지 않는 은행 담당자가 잘못된 겁니다."

다츠야는 힘주어 반론했다.

"부장님, 달성목표에 이익에 대한 목표가 없는데요?"

기우치가 물었다.

"없어도 됩니다. 정말 중요한 건 현금, 다시 말해 영업활동 현금 흐름을 증가시키는 것이니까요."

"부장님이 그렇게 말씀하시니 저도 그 부분은 더 이상 생각하지

않기로 하죠. 그리고 또 하나, 현금순환주기가 뭔가요? 전 전문용어
는 잘 모릅니다."

기우치는 불만이 가득한 얼굴로 말했다.

"현금순환주기란 현금이 비즈니스 프로세스를 한 바퀴 도는 기간
을 말합니다. 즉, 현금이 재고에서 외상매출금으로 형태가 변하고
다시 현금이 되는 데 걸리는 일수죠. 돈에 실을 묶어서 일일이 쫓아
다닐 순 없으니까 간단하게 다음과 같이 계산합니다."

다츠야는 화이트보드에 현금순환주기의 계산식을 썼다.

"우선, 월말 재고금액을 일일 매출원가금액으로 나누고, 며칠 분의
매출원가에 상당하는 현금이 재고로서 쌓여 있는지 계산합니다(재고자
산회전일수=재고금액÷일일 매출원가). 그게 43일이라고 하면 재고가 외상매
출금이 되기까지 43일이 걸렸다는 뜻이지요. 또, 며칠 분의 매출액
에 상당하는 현금이 월말외상매출금으로 묶여 있는지 계산합니다(매
출채권회전일수=외상매출금÷일일 매출액). 이게 71일이라고 나오면 외상매출금
이 71일 만에 현금이 된다는 뜻입니다. 다시 말해 처음에 쓴 현금이 한
바퀴 돌아서 다시 현금이 되기까지 114일이 걸린다는 말입니다.

한편, 외상매입금도 고려해야 합니다. 월말의 외상매입금이 며칠
분의 매출원가에 상당하는지 계산하는 거죠(매입채무회전일수=외상매입금
÷일일 매출원가). 이것은 현금을 지급하지 않아도 되는 기간입니다. 그
기간이 56일로 계산되면 56일분의 매입금액에 상당하는 다른 사람
의 돈을 쓰고 있다는 말이 되지요.

따라서 이 회사는 58일분의 운전자금이 필요하다는 결론이 나옵니다.

재고자산회전일수 43일＋매출채권회전일수 71일－매입채무회전일수 56일＝현금순환주기 58일

이게 현금순환주기입니다.

다시 말하자면 현금순환주기는 현금이 재고 → 외상매출금 → 현금으로 형태를 바꾸어 다시 현금이 되는 데 소요되는 일수입니다. 제이피의 현금순환주기는 현재 58일이지만 앞으로 9일로 단축합니다. 이것이 사장님의 최우선 지시사항입니다."

"사장님의 최우선 지시사항이요?"

다츠야가 설명을 마치자 기우치와 다나카가 이렇게 말하며 서로 마주 보고 피식 웃었다.

그들의 표정을 보니 현금순환주기 단축화가 가져올 효과를 깨닫지 못하고 있는 게 분명했다.

그러자 이번에는 마리가 질문했다.

"영업활동 현금흐름을 증가하는 것과 현금순환주기를 단축시키는 것은 같은 건가요? 전혀 다른 지표 같기도 한데요……."

마리는 다츠야가 내건 두 가지 목표가 어떤 관계가 있는지 전혀 이해할 수 없었다. 그러자 다츠야가 일어나 모두에게 말했다.

"마리 과장의 질문에 대해선 여러분 각자 생각해보세요. 여러분은 경리(經理), 즉 경영(經營)을 관리(管理)하는 프로니까요."

❖ 왜 '출하기준'을 '인도기준'으로 바꿔야 할까?

출하기준이란?
제품을 공장에서 출하한 시점에 매출을 계상하는 회계기준

장점 | 현장 관리(수치 파악)가 쉽다.
단점 | 제품을 내보내기만 하면 매출로 잡히므로 매출조작이 쉽다.

인도기준이란?
제품이 고객에게 도착한 시점에서 매출을 계상하는 회계기준

장점 | 제품이 고객에게 도착하지 않으면 매출로 계상되지 않으므로 매출을 조작하기 어렵다.
단점 | 고객으로부터 제품수령서를 회수해야 하므로 관리하기 번거롭고 매출계상시점이
늦어진다.

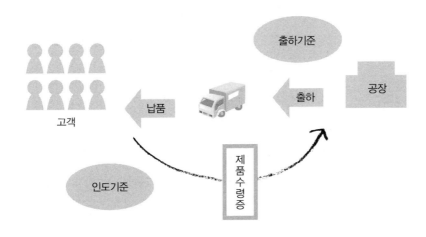

길게 이어졌던 회의가 끝나자 다나카는 부리나케 본사 빌딩 밖으로 나와서는 휴대전화를 꺼냈다.

"마다라메 부장님이십니까? 제이피는 대출을 받는 데 성공했다고 합니다."

간토비즈니스은행

"드디어 다음 주 월요일이 12월 1일이군."

사코타는 맞은편 소파에 앉아 있는 마나카에게 말했다.

"3년 묵은 체증이 싹 가시겠군요."

"마나카, 월요일은 특별한 날이 될 것 같은 예감이 드는군."

"그렇겠지요. 제이피가 백기를 들면 선배님의 은행은 제이피의 채권을 미국 투자은행에 액면가로 매각하고 투자은행은 제이피에게 채무이행을 집행해서 특허권을 넘겨받을 겁니다. 그리고 저는 3년 묵은 체증이 내려가겠죠."

마나카는 새어나오는 웃음을 참으며 말했다.

"이런, 이런. 자네가 그걸로 성에 차겠어? 언젠가 제이피의 사장이 될 거 아닌가? 난 그렇게 보고 있고 또 그렇게 되면 그보다 더 경사스러운 일이 없지. 오늘은 미리 축하하는 의미에서 자네가 좋아하는 프랑스 요리와 와인을 먹으러 가세. 아, '마키'의 모에도 부르자고."

❖ 제이피의 현금순환주기(CCC, Cash Conversion Cycle)

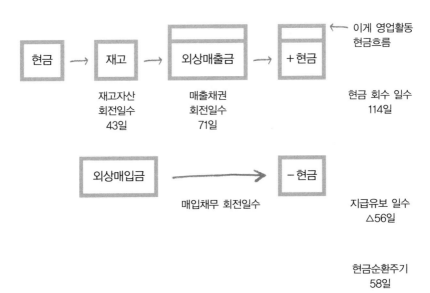

현금이 재고나 외상매출금으로 변화되어 있는 기간이 114일.
매입대금을 지급하지 않아도 되는 기간이 56일.
따라서 사업을 하려면 현금이 한 바퀴 되돌아서 오는 58일분의 운전자금
(현금)이 필요하다.

사코타는 한껏 부푼 기분 좋은 얼굴로 휴대전화의 단축번호를 눌렀다.

긴자의 프렌치 레스토랑

검은색 메르세데스 벤츠 S600이 고급 호텔 앞에서 멈추었다. 뒷좌석에는 중년 남자와 젊은 여자가 타고 있었다. 두 사람은 에스컬레이터를 타고 2층에 있는 프렌치 레스토랑으로 들어갔다.

레스토랑 안쪽 테이블에는 한 중년 남자가 어딘지 안절부절못하는 표정으로 앉아 있었다. 웨이터가 두 남녀를 그 자리로 안내했다.

남자가 급하게 일어나 사코타에게 인사를 하고 나서 여자에게 말을 건넸다.

"오랜만이야."

여자는 순간 당황한 기색을 보였지만 이내 침착한 목소리로 남자에게 말했다.

"마나카 전무님, 오랜만이네요."

이 어색한 대화에 사코타가 의아해했다.

"아니, 자네들, 그때 이후 지금 처음 만나는 거야?"

반년 뒤인 지금, 그 사건은 이미 세상에서 잊혀졌다. 회장인 다카라베 후미의 지시로 제이피는 고소를 취하했고 마나카의 혐의가 풀렸다. 하지만 후미가 고소를 취하한 이유는 아무도 알지 못했다. 어쨌든 그때부터 마나카는 자신은 무죄이며 명예가 훼손되었다고 여기저기 떠벌리고 다녔다.

한편 모에는 복수하고 싶은 남자가 있었다. 다름 아닌 '마나카'라는 남자다. 그때 마나카는 경찰에게 모든 것은 사와구치 모에가 꼬드겨서 한 일이라고 자술했던 것이다.

술집 '마키'에서 일하기 시작한 것도 사코타 앞에서 마나카에게 미련이 남은 것처럼 행동한 것도 사실은 원한을 풀기 위해서였다. 자신을 실컷 이용하다가 쓸모가 없어지니 가차없이 버린 그 남자를 절대로 용서할 수 없었다. 이제야 때가 온 것이다.

'이런 남자를 믿고 내 인생을 걸다니…….'

마나카를 직접 만나자 미움이 격렬한 분노가 되어 마음속을 휘저었다. 하지만 모에는 전혀 그런 기색 없이, 오히려 보고 싶어 죽을 뻔했다는 표정을 지으며 마나카에게 말했다.

"정말 걱정했어요."

마나카는 그런 모에의 얼굴을 보며 반갑게 미소 지었다.

"그런데 마나카, 오늘은 월요일을 미리 축하하는 날이니 거기에 걸맞은 와인을 좀 골라보지."

사코타는 와인리스트를 마나카에게 건넸다.

"저보단 모에 씨가 고르는 게 좋겠네요. 어설픈 소믈리에보다 와인 맛을 더 잘 아니까요."

"다 마나카 전무님한테 배웠는걸요."

모에는 이렇게 말하며 와인리스트를 살펴보았다.

"그럼 저희들의 추억이 담긴 샤토 라투르로 하죠."

예전보다 훨씬 아름다워진 모에를 보며 마나카는 두 사람이 고급 호텔 스위트룸에서 라투르를 마셨을 때를 떠올렸다.

웨이터가 와인을 따르자 사코타가 잔을 들고 말했다.

"우리 세 사람에게 기념할 만한 월요일을 위해 건배!"

그러자 모에가 살짝 입꼬리를 올리며 이런 말을 입에 담았다.

"월요일은 우리가 아니라 제이피에게 기념할 만한 날이 아닌가요?"

"뭐?"

사코타와 마나카는 모에의 말에 어리둥절했다. 모에는 태연자약하게 말을 이었다.

"어머? 사코타 상무님도 마나카 전무님도 제이피에게 후원자가 붙은 걸 모르시나 봐요? 12월 1일은 제이피의 새 출발을 알리는 기념일이랍니다."

모에의 청천벽력 같은 말에 마나카가 와인잔을 놓치고 말았다. 잔이 쓰러지면서 테이블이 빨갛게 물들었다.

"그게 확실한가? 넌 어떻게 그 정보를……."

마나카의 목소리가 점점 커졌다.

"확실한 정보예요. 하지만 정보원을 말씀드릴 순 없어요."

모에는 이미 웃고 있지 않았다.

현금순환주기

깊은 밤.

마리는 컴퓨터 화면을 보며 심각한 얼굴로 머리를 싸안았다. 마리는 영업활동 현금흐름을 증가시키는 것과 현금순환주기를 단축시키는 것이 무슨 관계가 있는지 생각할수록 혼란스러웠다.

영업활동 현금흐름은 일정기간에 회사가 새롭게 만들어낸 현금을 말한다. 매월 영업활동 현금흐름은 월말 당기순이익에 감가상각비 등을 가산한 금액에서 운전자본의 증가금액(당기운전자본－전기운전자본)을 차감해 표시한다. 운전자본은 매출채권, 재고자산 등에서 매입채무 등을 차감한 금액을 말한다.

한편, 현금순환주기는 매출채권회전일수에 재고자산회전일수를 가산하고 매입채무회전일수를 차감한 기간이다. 마리는 구조조정 전의 재무제표를 꺼내어 계산해보았다.

> 영업활동 현금흐름(－9백만 엔)=당기순이익(－9백만 엔)+감가상각비(4천4백만 엔)－(외상매출금의 증가 1천3백만 엔+재고자산의 증가 2천4백만 엔+외상매입금의 증가 7백만 엔)

> 현금순환주기(58일)=매출채권회전일수(43일)+재고자산회전일수(71일)－매입채무회전일수(56일)

이 숫자는 사업상 유출된 현금이 다시 현금으로 회수되기까지 58일이 소요되며 한 달 동안 사업을 하는데 매달 현금 9백만 엔이 줄어들고 있음을 표시하고 있다.

다츠야는 현금순환주기(CCC)를 9일로 단축시키고 연간 영업활동 현금흐름을 1억 엔으로 증가시키라고 지시했다. 다츠야의 지시대로 현금순환주기를 58일에서 9일로 만들 수 있다면 사업상 필요한 현금(운전자금)은 지금의 6분의 1 수준으로 떨어진다(9÷58)는 말이다.

"아, 그렇구나!"

마리의 입에서 저도 모르게 감탄사가 튀어나왔다. 다츠야가 말하고자 하는 바를 깨달은 것이다. 현금은 재고에서 외상매출금으로 형태가 변하고 최종적으로 다시 현금이 된다. 처음에 쓴 현금과 회수한 현금의 차액이 영업활동 현금흐름이다. 그리고 현금이 한 바퀴 도는 기간이 현금순환주기다. 매출총이익은 재고자산(제품)이 외상매출금(판매가)으로 변했을 때의 금액과의 차액이다.

제품의 매출총이익률을 높이고 좀 더 빨리 생산하고 좀 더 빨리 판매하여 좀 더 빨리 대금을 회수하는 시스템을 구축하라는 것이 다츠야의 의도였다. 예를 들면 현금 100만 엔을 한 달 동안 한 바퀴 돌려서 현금을 10만 엔 늘리는 구조가 아니라 현금 10만 엔을 한 달 동안 10바퀴 돌려서 현금을 20만 엔 늘리는 구조다. 즉, 적은 현금을 높은 이익률로 몇 번씩 회전시키는 것이다.

하지만 마리는 구체적으로 어떻게 하면 58일인 현금순환주기를 9

일로 단축시키고, 또한 월 1억 엔의 영업활동 현금흐름을 실현할 것
인지 아무리 생각해도 답이 나오지 않았다.

마리는 언제 한번 나가노 공장과 영업소를 살펴보러 가야겠다고
생각했다.

🔑 직접 확인하다 _ 12월 20일

뉴욕 마인슬리사

"린다, 자네한테 정말 실망했네. 내가 자네한테 지나친 기대를 했
나 보네. 듣자하니 제이피를 도운 건 자네 친구라고 하던데?"

투자펀드사인 마인슬리의 회장이자 CEO인 로버트 그레이엄은
손가락 사이에 끼운 담배를 흔들며 린다에게 불만을 쏟아냈다.

"제 불찰입니다. 죄송합니다."

린다는 창백한 얼굴로 자신의 실수를 인정했다.

"난 자네를 빈털터리로 회사에서 쫓아낼 수도 있어. 하지만 그건
내 양심상 차마 못 하겠고……. 자네는 아직 젊으니 다시 한 번 기
회를 주겠네. 실은 어제 UEPC의 마이클 우즈와 만났어. 그는 불황
을 극복하는 열쇠는 에너지 절감이며 제이피에 그 기술에 대한 지
적재산이 묻혀 있으니 절대 포기하지 말라고 하더군."

"그레이엄 회장님, 한 번 더 기회를 주세요."

린다는 포기한 것이 아니었다. 다츠야를 지원한 사람이 제임스라는 사실도 알고 있었다. 또한 제임스가 제이피의 특허권을 확실하게 손에 넣을 덫을 놓은 것도 파악하고 있었다. 린다는 그 덫을 거꾸로 이용하기로 했다. 린다가 다음 계획을 그레이엄에게 설명하자 그레이엄은 담배를 입에 물며 린다의 이야기에 귀를 기울였다.

"좋아. 간토비즈니스은행의 사코타를 압박하는 건 내가 하지. 자네는 지금 바로 도쿄에 가서 제이피를 함정에 빠뜨릴 준비를 해놓게. 실패는 한 번으로 족해. 두 번은 없어!"

네즈의 초밥집

마리는 지하철을 타고 네즈의 초밥집으로 향했다. 내일 있을 출장에 대해 할 말이 있다는 핑계를 대며 다츠야를 불러낸 것이다. 약속시간에 맞춰 가게에 들어가자 다츠야는 이미 카운터에서 정종을 마시고 있었다.

"다츠야 부장님."

마리는 다츠야의 어깨너머로 인사를 하며 카운터석에 앉았다.

"먼저 마시고 있었어."

다츠야는 마리가 내민 술잔에 따끈하게 데운 정종을 따랐다. 마리는 맛있게 술을 마셨다.

"부장님은 실무에는 까막눈이었는데 1년도 안 되어서 저를 추월

하다니, 정말 놀라워요."

"그래도 마리의 경험에 어디 상대가 되겠어? 난 약간, 요령이 좋은 것뿐이야."

"요령이란 건 머리가 좋다는 뜻 아니겠어요?"

다츠야가 갑자기 정색을 하고 이렇게 대답했다.

"마리, 난 예전에 우사미 스승님한테 너와 똑같은 말을 한 적이 있어. 그랬더니 스승님이 뭐라고 하셨는지 알아? '그건 구질구질한 변명이야!' 이러면서 버럭 소리를 지르시지 뭐야. '마음이 거기에 있지 않으면 보아도 보이지 않고 들어도 들리지 않으며 먹어도 그 맛을 모른다(心不在焉 視而不見 聽而不聞 食而不知其味).'라는 『대학』에 나오는 글귀를 인용하셨지. 관심이 없으면 아무리 눈앞에 있어도 느낌 없이 지나쳐버릴 뿐이야."

다츠야는 그렇게 말하며 참치초밥을 집었다.

"관심이 있으면 요점을 놓치지 않고 관찰할 수 있고 머리에도 쏙쏙 들어온다는 말이군요. 하지만 어떤 점에 중점을 두고 나가노 공장을 살펴보면 좋을지 잘 모르겠어요."

마리는 솔직하게 의문점을 털어놓았다. 평소 회사에서 보이는 뻣뻣한 태도와는 딴판이다.

"공장은 이익을 창출하는 곳이자 이익을 파괴하는 곳이기도 해. 하지만 우리 회사 관리회계 정보만 들여다봐선 공장의 실태를 파악할 수 없을 거야."

"그게 무슨 뜻이죠?"

마리는 난감한 표정으로 다츠야에게 에스오에스를 쳤다.

"그걸 알기 위해 출장을 가는 거야."

그렇게 말하며 다츠야는 마리의 빈 잔에 술을 따랐다.

나가노 공장 첫째 날

아침 7시. 아직 밖은 어둑어둑했다. 마리는 급행열차의 좌석 등받이를 뒤로 밀고 편안히 기대어 어젯밤 초밥집에서 다츠야가 한 말을 되뇌었다.

"마음이 거기에 있지 않으면 보아도 보이지 않고 들어도 들리지 않으며 먹어도 그 맛을 모른다."

열차가 다른 역을 통과하자 마리는 등받이를 원래대로 세우고 가방에서 자료를 꺼내 훑어보았다.

전년도 아이치 공장의 현금순환주기는 58일이라고 적혀 있었다. 이것은 이익조작을 목적으로 재공품을 과잉생산했기 때문이었다.

재공품이 늘어날수록 매출원가가 떨어져서 회계상의 이익이 늘어난다. 그 반면, 운전자금(현금)이 부족해진다.

마나카와 마다라메는 그런 사실에도 아랑곳하지 않고 '잘못된 회계능력'을 휘둘러 이익 부풀리기에 여념이 없었다. '현금'을 보지 않고 '이익'만 좇은 것이다. 그 결과 제이피를 궁지에 빠뜨렸다.

중요한 점은 이익이 아니라 현금을 늘리는 것이다. 또한 적은 현금을 빠른 속도로 회전시켜 현금을 증가시켜야 한다. 그래서 다츠야는 현금순환주기 9일 이내, 영업활동 현금흐름 1억 엔이라는 목표를 설정한 것이다.

마리에게는 턱없이 높은 목표로 느껴졌다. 하지만 마리는 다츠야가 반드시 해낼 수 있다고 확신하는 이유를 알았다. 다츠야는 가네코의 기술과 다츠야의 회계 능력으로 이 난국을 헤쳐나가려는 것이다.

마리가 이런저런 생각에 빠져 있는 동안, 열차는 목적지인 나가노 시오지리 역에 도착했다. 시곗바늘은 9시 29분을 가리키고 있었다.

밖은 마치 냉장고 속에 있는 것 같이 쌀쌀했다.

마리는 마중 나온 차를 타고 공장에 도착하기가 무섭게 작업복으로 갈아입은 다음, 가네코의 안내를 받으며 재료창고로 갔다.

재료창고 선반에는 '부품입출고 카드'가 매달려 있었다.

"작업자가 부품을 넣거나 뺄 때마다 이 카드에 수량을 기입합니다."

가네코의 설명에 마리가 고개를 끄덕였다. 이 카드를 보면 입출고 이력과 선반에 있는 부품 수를 한눈에 파악할 수 있었다.

재료창고를 한 바퀴 돌아본 다음 가네코는 마리를 생산라인으로 안내했다. 그곳에는 아이치 공장에서 운반된 마이크로스위치 제조용 로봇이 놓여 있었다.

"아이치 공장에서 갖고 온 건 두 대이고 나머지 세 대는 다음 달에 완성될 예정입니다."

가네코는 자랑스러움을 담아 입꼬리를 올렸다. 가네코에게 로봇은 자식 같은 존재였다.

마리는 가네코에게 이렇게 질문했다.

"생산량 증대를 위해서 1교대(8시간 가동)에서 3교대(24시간 가동) 체제로 바꾸셨죠?"

제이피의 사업계획서에는 연간 17억 엔의 매출을 단숨에 40억 엔으로 올린다고 되어 있었다. 이것이 3교대 체제로 변경한 이유다.

"그렇긴 한데요……. 그게 생각처럼 되지 않네요……."

평소의 가네코답지 않게 대답을 얼버무렸다.

"생산이 늘어나지 않는단 말인가요?"

마리의 물음에 가네코는 난감한 얼굴로 고개를 끄덕였다.

가동시간을 세 배로 늘리면 생산량도 세 배로 늘어나야 하는데 그렇지 않다니 마리는 이해가 가지 않았다.

"생산량이 늘어나지 않는 이유는 대충 짐작이 갑니다. 하나는 생산 품목이 많기 때문입니다. 생산 품목이 변경될 때마다 기계에 달려 있는 여러 부품을 교체해야 합니다. 이걸 준비 작업이라고 하는데요, 준비 작업에 들어갈 때마다 20분은 소요됩니다. 평균적으로 매일 열 종류의 제품을 만드니까 최소 세 시간, 많게는 다섯 시간이나 로봇이 정지 상태로 있는 거죠."

"그렇다면, 3교대 체제로 했을 경우에 가동시간은 24시간이지만 실제로 스위치를 생산하는 시간은 21시간이나 19시간이란 말인가요?"

마리가 확인하자 가네코는 고개를 흔들며 대답했다.

"사실은 그보다 더 짧아요. 로봇의 상태가 나쁠 때는 잠깐씩 정지되는 경우가 있어요. 그리고 품목을 바꾼 직후에는 불량품이 많이 나오죠. 또 원재료가 떨어져서 생산이 중단되기도 하고요. 그러니 기계가 실제로 가동되는 시간은 기껏해야 1일 15시간 정도로 봐야 합니다."

마리는 가네코의 설명을 정리해보았다. 3교대라고 해도 로봇이 하루 종일 움직이는 것이 아니라 제품 품목에 따른 부품 교체와 로봇의 일시 정지, 그리고 제품 교체에 따른 불량품 등으로 인해 생산량이 증가하지 않는다.

하지만 로봇작동을 중지하고 준비 작업을 하는 동안에도 직원들의 급여와 전기요금, 로봇의 감가상각비가 어김없이 발생한다. 아무것도 하지 않을 때에도 여전히 비용이 들어가는 것이다.

또한 불량품은 폐기처분할 수밖에 없다. 공들여 만든 이익을 부수고 헛돈을 쓰는 것이다. 그러나 제이피의 관리회계 자료에는 이런 낭비에 얼마나 비용이 들어가는지 한 마디도 적혀 있지 않았다.

"마리 과장님, 그 밖에도 해결해야 할 문제가 있습니다."

가네코가 손가락으로 허공을 가리켰다.

저만치 로봇이 만들어낸 재공품이 산더미처럼 쌓여 있었다. 이

광경은 마나카와 마다라메가 군림하던 시절의 아이치 공장의 모습과 똑같았다.

"설마 이익조작을 하시는 건 아니겠죠?"

마리가 날카롭게 물었다.

"절대 아닙니다! 여기선 주문받은 물량만 만들어냅니다. 하지만 재고가 쌓이지 뭡니까."

그 순간, 마리의 가슴에 불안이 싹텄다.

밀고 당기기

"그레이엄 회장님께 한소리 단단히 들었습니다."

간토비즈니스은행의 사코타는 못마땅한 얼굴로 린다에게 말했다.

"제 보스는 사코타 씨로부터 좋은 소식을 기대하셨으니 당연하죠."

"기대에 부응하지 못한 건 저도 유감입니다만……."

사코타는 절대 사과하려 들지 않았다. 그런 사코타에게 린다가 이렇게 말했다.

"예전에 사코타 씨는 제이피는 얼마 안 가 파산할 거라고 장담하셨어요. 전 당연히 확실한 증거가 있는 말이라고 믿었고요."

린다의 아름다운 얼굴이 일그러졌다.

"그런 복병이 숨어 있을 줄이야……."

"지금 와서 전혀 예상치 못했다고 하시는 건가요?"

"저희들로서는 청천벽력이었습니다."

그러자 린다는 사코타를 무섭게 쏘아보며 말했다.

"당신은 단 다츠야란 남자를 얕잡아봤어요."

"뭐, 결과적으론 그렇다고 할 수도 있겠네요."

사코타는 린다의 말투에 기가 질렸다. 거의 딸뻘인 여자한테 자신이 이런 훈시를 듣고 있다는 생각에 사코타의 어투도 점차 거칠어졌다. 그의 태도가 못마땅하기 짝이 없는 린다는 결정타를 날렸다.

"전 댁의 은행과 거래를 해지할 준비를 하고 있습니다. 늦어도 내일 중에 댁의 상사인 마쓰이 은행장님과 직접 만나서 사코타 씨냐 마인슬리냐 결정하라고 할 겁니다. 그래도 상관없으시죠?"

하지만 사코타는 아무렇지도 않은 얼굴로 받아쳤다.

"린다 씨, 그게 대체 무슨 뜻인지 모르겠군요. 물론 그레이엄 씨는 무섭게 화를 내더군요. 하지만 그 대상은 내가 아니라 린다 씨였습니다."

"그게 무슨 뜻이죠?"

린다가 갑자기 동요했다.

'머리에 피도 마르지 않은 애송이 주제에……'

"린다 씨는 일이 이렇게 될 것을 충분히 예견할 수 있었음에도 정보 수집을 소홀히 했다. 저야 잘 모르지만, 그레이엄 씨는 그렇게 생각하던데요?"

"보스가……"

제임스를 가리키는 건가 하는 생각에 린다는 말이 나오지 않았다.

하지만 다음 순간 린다의 얼굴에 핏기가 싹 가셨다.

'함정이었구나⋯⋯.'

사코타는 이판사판으로 린다를 떠본 것이다. 그리고 그 추측이 맞았다.

"저도 가능하면 일을 크게 만들고 싶지 않아요. 어떻습니까? 이번 일은 서로 덮어두는 게⋯⋯."

린다의 얼굴에 안도의 기색이 드러났다.

"사코타 씨의 생각이 정 그렇다면 할 수 없지요."

"저희는 도통 좋은 생각이 나지 않는군요. 뭐 좋은 방법이 없을까요?"

사코타는 이렇게 기가 센 여자 따위는 꼴도 보기 싫다는 속내를 감추며 정중하게 물었다. 그러자 린다는 대담무쌍한 미소를 지으며 말했다.

"절대 실패하지 않는 방법이 있지요. 사코타 씨도 마음에 드실 거예요."

구조조정

영업부장인 세키야마 준이치는 침통한 표정으로 마스오와 미사와, 다츠야에게 수주 리스트를 내밀었다.

다츠야는 경악했다. 자동차 제조업체와 가전제품업체의 생산 감소라는 직격탄을 맞아 커넥터와 가변저항기 수주는 거의 제로, 또한 수익원인 스위치 수주도 작년 9월 이후 50%나 급감했다.

"대기업은 SCM(Supply Chain Management, 공급망 관리)이 발달했으니 향후 경기 침체 전망에 예민하게 반응하고 있는 것 같습니다."

세키야마의 얼굴에 그늘이 드리워졌다.

"그들이 언제까지 생산축소를 계속할까?"

마스오가 물었다.

"원래 수준으로 돌아오려면 내년 가을까진 기다려야 할 겁니다."

"거의 1년이나 수주가 이 수준일 거라고?"

마스오가 걱정스러운 얼굴로 물었다.

"아마 그럴 것 같습니다……."

세키야마는 고개를 푹 숙였다. 당초 예상을 큰 폭으로 하향 수정할 수밖에 없을 경우, 나가노 공장의 가동률은 절반 이하로 떨어질 것이다. 특히 심각한 것이 커넥터와 가변저항기다. 두 제품은 수작업으로 제작되는 만큼 6개월 이상이나 작업자들이 놀아야 할 판이었다.

지금 제이피에게는 아무런 일도 하지 않는 직원들에게 매월 천만 엔 이상의 급여를 지불할 여력이 없었다.

"세키야마 부장님의 보고로 시장규모가 급격히 축소되었다는 게 분명해졌습니다. 하루빨리 특단의 조치를 내리지 않으면 회사 존폐가 위협을 받게 될 겁니다."

다츠야가 힘주어 마스오에게 말했다.

"특단의 조치……."

마스오는 다츠야의 진의를 좀처럼 가늠할 수 없었다.

"구조조정입니다. 이제 인건비도 성역으로 남겨둘 수 없게 되었어요."

다츠야의 말에 마스오는 자신의 귀를 의심했다.

"다츠야 부장, 자네는 직원들은 가치창출 사슬의 핵심이라고 하지 않았나. 그렇게 손바닥 뒤집듯이 돌변하면 어느 직원이 따라오겠나?"

"제 말씀을 들어주세요. 우리 회사의 운명은 신제품에 달렸습니다. 하지만 본격적으로 생산에 돌입하기 위해서는 시간이 필요합니다. 지금의 경제상황에서 스위치의 매출은 기껏해야 20억 엔 정도일 겁니다. 만약 커넥터와 가변저항기 사업에서 손을 떼고 모든 자원을 스위치에 집중한다 해도 최대 매출액은 25억 엔에 그칩니다. 그러면 스위치 사업은 2억 엔의 경상손실이 나게 됩니다. 이대로 보고만 있으면 고정비, 특히 인건비 부담이 제이피의 목을 조일 겁니다."

그러자 잠자코 귀를 기울이고 있던 미사와 상무가 입을 열었다.

"자네는 파트타이머와 계약직 사원을 자를 생각이군."

다츠야는 크게 고개를 저었다.

"아니요. 정규직에도 메스를 대지 않으면 제이피는 살아남지 못합니다."

🔑 마리의 발견 _ 12월 22일

나가노 공장 이틀째

아침 일찍 눈을 뜬 마리는 어젯밤 일을 떠올렸다.

"여긴 참 좋은 곳이에요."

가네코는 데운 술을 마시면서 이 고장의 아름다운 자연과 맛있는 음식에 대해 연신 칭찬을 늘어놓았다.

"직원들도 다 좋은 사람들뿐이고 일에 대한 열정이 대단해요."

가네코의 이야기를 들으며 마리의 기분도 점차 고양되었다.

마리가 나가노 공장에 도착한 시간은 아침 7시였다. 한기가 느껴지는 사무실에는 이미 가네코가 작업복 차림으로 책상에 앉아 있었다.

"일찍 오셨네요."

마리가 먼저 인사를 했다.

"마리 과장님, 안녕하세요? 오늘 해야 할 일을 준비하는 중이에요. 하루에 여러 종류의 제품을 생산하니까요. 부품을 생산 지시별로 세팅하거나 로봇에 부착할 금형을 준비하거나 작업자 배치를 생각하느라 정신이 없네요."

그렇게 너스레를 떨면서도 가네코는 즐거워보였다.

"여기서는 몇 종류의 제품을 생산하나요?"

"커넥터와 가변저항기가 각각 열 종류, 스위치가 네 종류입니다. 하지만 한 제품 당 10개 이상의 시리즈가 있어요. 시리즈별로 부착하는 부품 형태나 부착 위치가 다르기 때문에 시리즈가 달라질 때 마다 부품과 금형을 교체해야 합니다."

제품은 전부 24종류이지만 시리즈까지 고려하면 실질적으로는 140종류나 된다.

"스위치 주문량은 증가하고 있는 거죠?"

"지금 전자부품업계 상황은 위기에 처해 있어요. 작년 8월에 비해서 생산량이 절반으로 줄었습니다. 하지만 올해 발매된 스위치는 주문이 늘어나고 있지요. 하루 종일 일해도 밀려드는 주문량에 물량을 대지 못할 정도입니다. 그래서 2교대 체제로 일하고 있어요."

마리는 가네코의 말이 이상하게 들렸다. 물량을 대지 못할 정도라고 하면서 왜 2교대 체제로 일하는지 이해할 수 없었다.

"3교대가 아니고요?"

마리가 그렇게 묻자 가네코는 면목없다는 얼굴로 이렇게 말했다.

"처음엔 그럴 작정이었는데……."

"주문이 들어왔는데 왜 2교대로 작업하는 거죠?"

"이익이 나질 않아요."

마리는 가네코의 말이 수수께끼처럼 들렸다.

1교대를 2교대로 바꾼 이유는 이익이 증가한다고 생각했기 때문일 것이다.

1교대든 2교대든 간에 감가상각비 등의 비용은 변함이 없다(매몰원가).

생산량을 늘렸을 경우 추가로 증가하는 비용은 매출액과 재료비,

인건비, 전기요금 등이다. 이때 2교대로 변경함으로써 증가하는 공헌이익이 인건비나 전기요금 등의 비용증가금액을 흡수하고도 남는지(즉 이익이 증가하는지) 고려해야 한다.

예를 들면 증가한 매출액이 5천만 엔이고 재료비가 3천만 엔이라고 가정하면 공헌이익은 2천만 엔이 된다.

만약 2교대로 변경하면 야간에 투입되는 작업자의 인건비나 전기요금이 늘어난다. 이렇게 추가로 늘어난 비용이 2천만 엔 이내라면 이익이 늘어나기 때문에 이때는 생산증대가 올바른 선택이다.

마리는 그 점을 가네코에게 설명하고 의견을 물었다.

"흠……."

가네코는 한참 동안 생각하더니 이렇게 대답했다.

"2교대로 해도 재공품이 늘어나기만 하지 완제품 생산량과 매출은 늘어나지 않거든요."

가네코는 비용증가가 공헌이익증가 금액을 초과한다는 것이다.

'이상한데…….'

마리의 머릿속이 뒤죽박죽이 되었다.

마리는 다시 한 번 생각을 정리했다. 주문은 충분히 들어온다. 재료도 있다. 기계 생산능력과 직원들도 충분히 갖춰져 있다. 하지만 2교대 근무를 해도 비용만 늘어날 뿐 생산량은 늘어나지 않고 재공품 재고가 쌓이며 매출도 그대로다.

예전에 다츠야가 권해준 관리회계 책에는 공헌이익이 증가한 금액과 비용 증가금액을 비교해서 이익이 많을 때 생산증대를 결정해야 한다고 나왔다. 그 내용에 따르면 결국 2교대 근무는 잘못된 결정이라는 소리다. 하지만 주문은 얼마든지 들어오고 있다. 이게 어떻게 된 일인지 마리는 이해할 수가 없었다.

"그럴 수도 있나요?"

그때였다. 네즈의 초밥집에서 다츠야가 한 말이 생각났다.

'마리는 자기 눈으로 확인하려고 출장을 가는 거잖아?'

마리는 가네코에게 말했다.

"저녁까지 공장에 있어도 될까요? 방해하지 않을게요."

마리는 공장이 돌아가는 모습을 처음부터 끝까지 봐둬야겠다고 생각했다. 마리는 해답을 찾고 싶었다.

🔑 제임스의 고뇌 _ 12월 23일

런던

'우리 회사도 이대로는 위험해.'

깊은 밤, 제임스는 시름에 잠겼다. 그의 회사가 신흥국에 투자한 결과, 손실을 본 것이다. 자그마치 5조 엔이나. 상부에서 '현금화할 수 있는 것은 즉시 매각하라'는 지시가 내려왔다.

제이퍼에게 투자한 30억 엔의 채권도 예외는 아니었다.

'다츠야와의 약속을 깰 순 없어.'

제임스는 머리를 쥐어뜯었다.

시곗바늘은 새벽 1시를 넘기고 있었다. 그때, 휴대전화가 요란하게 울렸다. 그런데 발신자표시제한이다. 제임스는 의아한 얼굴로 통화 버튼을 누르고 전화기를 귓가에 가져갔다.

"제임스? 오랜만이야."

많이 들어본 목소리다.

"린다?"

"지금 런던이야. 우리 클라이언트에 대해서 상의할 게 있는데 만나지 않을래?"

린다의 제의

오후 3시. 흰색 애스턴마틴이 런던 피카델리 거리에 위치한 5성급 호텔 앞에 멈췄다. 차에서 내린 청년은 도어맨에게 차 열쇠를 넘겨주고 성큼성큼 레스토랑으로 걸어 들어갔다. 레스토랑에는 티타임을 즐기는 사람들로 북적거렸다.

"어이, 린다. 이런 시간에 비즈니스맨인 날 불러내다니, 하여튼 못 말리는 고집이야."

투덜거림과는 달리 청년의 얼굴에는 반가움이 가득했다.

"미안, 미안. 꼭 만나고 싶었는데 이 시간밖에 여유가 없어서……."

린다는 이렇게 사과하며 찻잔을 입가에 가져갔다.

"이렇게 함께 차를 마시는 건 싱가포르 이후 처음이지?"

"그땐 밥도 같이 먹곤 했지. 명물인 치킨라이스, 지금도 잊을 수 없다니까."

"맞아. 제임스는 치킨라이스를 좋아하고 다츠야는 돼지갈비를 푹 익힌 바쿠테라면 사족을 못 썼지. 난 샹그릴라 호텔의 얌차를 좋아했고. 그땐 하루하루가 즐거웠어."

린다는 싱가포르 시절의 추억을 더듬었다.

"그런데 날 불러낸 목적이 뭐야?"

제임스가 화제를 바꿨다.

"제임스가 다츠야의 회사에 30억 엔을 투자한 걸 알고 있어. 그때 교환한 거래조건도 말이지. 단도직입적으로 말할게. 난 다츠야의 회사를 원해. 그러니까 제이피의 채권을 양도해줘."

린다의 말에도 제임스의 표정은 변화가 없었다.

"그럴 거라고 예상했어. 내 대답은 '노'야. 그리고 다츠야는 제이피를 재건하려고 필사적이야."

"너희 두 사람은 어쩌면 그렇게 생각이 깊지 못할까? 제이피가 보유한 특허는 전자부품업계가 침을 흘리며 안달할 만큼 대단한 가치가 있어. 하지만 그 회사 사람들은 아무도 그 가치를 모르고 있어. 다츠야도 마찬가지야. 지금의 불황은 이미 우리 같은 금융전문가가 손을 쓸 수 없을 만큼 악화되었어. 과거의 경기침체 시기를 되돌아보면 항상 혁신적인 기술이 불황 타개의 원동력이 되었잖아? 제이피의 기술은 세상을 바꿀 만한 힘이 있어. 하지만 그 회사 사람들은 그 기술을 이 세상을 위해 쓰겠다는 생각이 눈곱만치도 없어. 그 점을 꼭 알아줬으면 해."

제임스는 린다가 다츠야와 호각을 다투는 프레젠테이션의 명수였던 사실을 떠올렸다.

"제임스, 내 말이 무슨 뜻인지 잘 알잖아."

린다는 두 손으로 제임스의 오른손을 감쌌다.

'거 참, 이런 식으로 남자를 들었다 놨다 한다니까…….'

제임스는 린다의 속셈을 의심하면서도 자기도 모르게 가슴이 설레였다.

하지만 제임스는 다츠야와의 약속을 우선하는 것에는 변함이 없었다.

"이 이야기는 없었던 걸로 하자."

그러자 린다는 대담한 미소를 띠며 이렇게 말했다.

"우리 회사가 제이피의 채권을 매수하면 당신도 살아날 텐데?"

나가노 공장 사흘째

그날 저녁, 마리는 다츠야에게 전화를 걸어 출장을 하루 더 연장하고 싶다고 요청했다.

"찬찬히 공장을 살펴보고 와."

다츠야는 흔쾌히 승낙했다. 그리고 충고도 잊지 않았다.

"제조로트 넘버별로 부품상자에 표식을 남기면 부품의 흐름을 더 쉽게 알 수 있을 거야."

다음날, 마리가 공장에 도착하자 미리 기다리던 가네코가 생산라인에 대해 설명하기 시작했다.

"여기서 생산하는 스위치는 4종류입니다. 제조지시가 떨어지면 작업자는 자동기기에 금형을 세팅하고 준비해둔 부품을 자동부품공급 장치에 부착한 다음, 부품을 차례대로 투입합니다. 1회 준비 작업시간은 20분 정도 걸리죠. 아이치 공장 때와 비교하면 상당히 빨라졌습니다. 그럼, 작업현장을 보러 가시죠."

두 사람은 공장으로 향했다. 로봇 한 대는 이미 가동 중이고 다른 한 대는 준비 작업 중이었다.

동종제품을 한꺼번에 생산하는 단위를 로트라고 한다. 제이피는 로트당 1천 개에서 2천 개 단위로 제품을 생산하고 있다.

마리는 다츠야의 권유로 읽어본 생산관리 책의 내용을 천천히 떠올렸다. 책에는 제조로트는 동일한 조건에서 제조되는 제품의 집합이므로 원가, 진척도, 품질이 동일하다고 간주한다고 나와 있었다. 즉, 제조로트는 원가관리, 진척관리, 품질관리의 최소 단위라는 뜻이다.

마리는 다츠야의 충고에 따라 제조로트별 부품상자에 빨강, 파랑, 노랑, 녹색의 색종이를 붙였다. 이 색종이를 좇으면 로트의 흐름을 한눈에 볼 수 있다. 마리는 작업자와 로봇, 네 장의 색종이의 움직임을 끈기 있게 관찰했다.

오전에는 공장에서 작업자들이 부산하게 돌아다니고 있었다. 그런데 정오에 가까워지자 점차 움직임이 느려졌다. 제조지시가 바뀔 때마다 로봇이 20분 정도 중단되었다. 준비 작업은 하루에 세 번 있었다.

각각의 제조로트의 위치는 색종이를 보면 금방 알 수 있었다. 조립공정은 원활하게 지나갔지만, 검사 로봇 앞에서 멈춰버리면서 순식간에 재공품이 넘쳐흘렀다.

어느새 작업시간 종료를 알리는 벨이 울렸다. 가네코가 마리에게 다가와 물었다.

"야간근무는 6시부터인데 어떻게 하시겠어요?"

19시 30분 발 열차를 타려면 늦어도 7시에는 공장을 나가야 한다. 이대로 작업을 계속한다면 재공품은 늘어만 갈 것이다. 마리는 잠깐이라도 좋으니까 6시 이후의 재공품의 흐름을 보고 싶었다.

"오늘 조립로봇 작업은 끝났습니다. 이젠 검사로봇과 포장작업을 할 겁니다."

'뭐라고?'

마리는 이 상황이 이해되지 않았다. 그렇지 않아도 3교대가 아니라 2교대 체제인 마당에 스위치 조립을 더 이상 하지 않는다니.

"그럼 조립로봇을 더 이상 가동하지 않는 건가요?"

"더 이상 만들어봤자 재공품만 늘어나니까요."

그렇게 말하고 가네코는 고개를 숙였다.

🔑 린다의 덫 _ 12월 24일

제이피 사장실

전화벨이 울렸다. 마스오의 비서가 수화기를 들더니 미국 유명전자부품 제조사인 UEPC의 일본 지사장이라고 전했다.

지금까지 제이피는 UEPC에 판로를 뚫기 위해 얼마나 노력했는지 모른다. 제일 열을 올린 사람은 마나카였다. 그가 가진 모든 인맥을 동원해 영업활동을 펼쳤지만, 상대편은 콧방귀도 뀌지 않았다. 그런데 난데없이 그 회사의 일본 지사장으로부터 직접 전화가 온 것이다.

마스오는 잔뜩 긴장한 채 통화 버튼을 눌렀다.

"UEPC의 알랭 보가드입니다. 귀사와의 사업 건으로 한번 뵈었으면 하는데 어떠신지요?"

유창한 일본어가 들렸다.

"저희 회사와 사업이요? 물론 좋습니다."

마스오는 하늘을 날 듯한 기분으로 약속 시간을 정했다.

네즈의 초밥집

"나가노 공장은 어땠어?"

다츠야는 마리에게 물었다.

"정신없이 바쁜 것 같았어요. 하지만……."

그렇게 말하며 마리는 말끝을 흐렸다.

"주문은 얼마든지 들어오고 작업시간을 2교대로 전환했는데 월 생산량은 1억 5천만 엔에 불과해요. 연간 목표치인 40억 엔의 절반도 안 되는 수준이죠. 참 이상하죠?"

"주문은 있으니까 1교대에서 2교대로 한 게 틀림없는데 생산량이 늘어나지 않는다……."

다츠야는 마리의 설명을 이해할 수 없었다.

"공장이 돌아가는 모습을 보고 뭐 눈에 들어온 것은 없어?"

"부장님의 충고대로 부품 케이스에 색종이를 붙여서 재공품의 움직임과 로봇의 가동 상황을 온종일 관찰했어요. 그랬더니 여러 가지 사실이 눈에 들어오기 시작했죠."

마리는 흥분한 어조로 이야기를 계속했다.

"저는 회계수치만으로 회사를 판단한 거였어요. 더구나 부장님이 가르쳐주기 전까진 회계수치는 회사의 실태를 정확하게 반영한다고 믿어 의심치 않았죠. 그런데 완전히 잘못된 생각이었어요."

"어떤 점이 잘못되었다는 거지?"

다츠야의 물음에 마리는 의기양양하게 설명하기 시작했다.

"스위치 제조공정은 크게 두 가지로 나뉘어 있어요. 전(前) 공정에는 두 대의 조립로봇, 후(後) 공정에는 한 대의 자동검사장치가 움직이고 있고요. 그런데 전 공정의 조립로봇의 생산속도가 훨씬 빠르기 때문에 저녁 무렵에는 검사장치 바로 앞자리가 재공품으로 넘쳐흘러버려요. 결국, 야간 근무시간에는 검사와 포장작업만 해야 하는 상황이 되죠. 하지만 제조원가 보고서나 원가계산 자료에는 그런 내용이 전혀 언급되어 있지 않아요."

"그렇군. 정말 중요한 사항인데 말이야."

다츠야는 마리의 술잔에 정종을 따랐다.

"마리는 검사공정에서 병목현상이 발생하는 현장을 목격한 거로군."

"병목현상이요?"

무슨 뜻인지 몰라 마리가 재빨리 되물었다.

"병의 목 부분처럼 갑자기 좁아져서 정체되는 현상을 말해. 시스템상에서는 작업 흐름의 효율이 제일 낮은 곳에 부하가 걸려서 전체 효율이 떨어지는 현상을 가리키지."

"그러면 부하가 걸린다는 걸 알고 있으면 검사장치를 추가 구입하면 되지 않나요? 그렇게 하면 매출이 더 늘어날 텐데요."

"예전에 미사와 상무님한테 들었는데 그 검사장치는 독일제인데 어마어마하게 비싸서 구매할 엄두를 못 내는 상황이라고 하셨어. 또, 검사장치를 주문해도 납기가 굉장히 길다고 해. 당분간 사람과 설비는 그대로 두고 매출액을 늘릴 방도를 찾아야 해."

"그게 될까요……."

마리는 나가노 공장의 생산 공정을 떠올렸다. 병목현상을 해소하지 않고서는 생산량이 늘어나지 않을 것이다. 아무리 주문이 들어와도 매출이 늘지 않는 상태가 이어지는 것이다.

다츠야는 팔짱을 낀 채 생각에 잠겼다. 그동안 마리는 아무 말 없이 다츠야가 입을 열기를 기다렸다.

갑자기 다츠야의 얼굴에 화색이 돌았다.

"마리, 검사장치를 사지 않고도 연간 목표치인 40억 엔을 달성할 수 있을지도 몰라. 내일, 스위치의 종류별 공헌이익과 검사공정 사이클 타임(CT, Cycle Time)을 좀 알아봐 줘."

다츠야의 눈이 반짝거렸다. 오랜만에 보는 활기찬 모습이었다.

고급 술집 '마키'

"어머, 마다라메 부장님!"

모에는 자기도 모르게 목소리를 높였다. 마나카가 웃음이 가득한 얼굴로 두꺼비같이 뒤룩뒤룩 살찐 남자를 데리고 '마키'를 찾아왔다. 사실 모에는 얼마 전에도 예전 상사였던 이 남자에게 정보료라는 명목으로 푼돈을 쥐어주었다. 그런 두 사람의 관계를 꿈에도 모르는 마나카는 의기양양한 얼굴로 모에에게 말했다.

"옛날 생각나지 않아? 마다라메 씨야. 지금도 일자리를 못 찾았다고 해서 위로라도 해줄 겸 같이 왔지."

모에는 자못 반갑다는 미소를 지어 보였다. 마나카는 마다라메 쪽을 향해 말했다.

"자네, 이런 미인과 다시 만날 수 있어서 행복하지?"

그러자 마다라메는 놀랍게도 이렇게 말했다.

"전무님, 모에 씨하고는 그 뒤에도 몇 번 전화로……."

"뭣?"

마나카가 대번에 불쾌한 표정을 지었다. 자신이 모에와 만나지 않은 동안에도 마다라메는 그녀와 연락을 주고받았기 때문이다.

"어떻게 된 거야?"

마나카는 애인을 빼앗긴 듯한 질투심을 느꼈다.

그런 마나카의 기분을 민감하게 포착한 모에는 마다라메를 대신해 이유를 설명했다.

"저는 해고당한 뒤로는 집에 틀어박혀 울기만 했어요. 그러던 어느 날, 마다라메 부장님이 전화를 했지 뭐예요. 그래서 찻집에서 부장님을 만났어요. 부장님은 단 다츠야가 제이피를 엉망진창으로 만들더니 우리를 쫓아냈다고 분개했어요. 저와 똑같은 생각을 하는 사람이 있어서 얼마나 반가웠는지 눈물이 날 지경이었다니까요. 그때 처음으로 복수하자는 마음이 들었죠. 하지만 제게 무슨 힘이 있겠어요. 그런데 마다라메 부장님이 '아직 기우치와 다나카가 회사에 남아 있어. 둘 다 우리와 같은 생각을 하며 때를 기다리고 있어.'

라고 하셨답니다."

마다라메가 심기가 불편한 얼굴로 입을 열었다.

"전무님, 알고 계십니까? 호소야 마리가 과장 직급을 달았습니다. 그런데 다나카는 여전히 사원입니다. 다츠야가 마리를 억지로 승진시킨 게 틀림없어요."

그러자 마나카는 모에에게 물었다.

"넌 복수를 위해 마다라메와 연락을 주고받은 거야?"

그러자 모에는 손수건으로 눈가를 훔치며 고개를 끄덕였다.

"왜 나한테 연락하지 않았어."

마나카의 물음에 모에는 고개를 저으며 이렇게 대답했다.

"그 사건으로 가장 힘들었던 사람은 마나카 전무님이잖아요. 차마 연락드릴 수가 없었어요."

🔑 회계를 이용한 마법 _ 12월 26일

제이피 경리부

다츠야와 네즈의 초밥집에서 만난 다음날 아침, 마리는 곧장 나가노 공장의 가네코에게 전화를 걸었다. 그리고 지난달에 생산한 스위치의 제품명, 생산수량, 판매가, 원재료비, 공정별 사이클 타임을 표로 작성해달라고 요청했다.

반나절도 지나지 않아 가네코의 메일이 도착했다.

메일에는 이렇게 쓰여 있었다.

'생산 품목은 JA1, JA2, JA3, JA4, 이렇게 네 종류입니다. 일일 생산량과 생산시간, 제품의 개당 공헌이익과 공정별 사이클 타임은 다음과 같습니다. 또한 전 제품이 판매호조를 보이고 있으나 물량이 부족한 상황입니다.'

마리는 엑셀로 만든 표의 숫자를 살펴보았다.

판매가는 JA2와 JA4가 1,500엔이고 JA1와 JA3는 900엔이다. 마리는 공헌이익에 주목했다. JA4가 1,100엔으로 가장 높은 공헌이익을 내고 있으며 JA2가 800엔, JA1과 JA3은 600엔이었다. 하루 생산량은 JA2와 JA4가 2,000개, JA1과 JA3이 1,500개다. 어떤 근거로 생산대 수를 결정한 것일까? 마리는 짐작도 가지 않았다.

마리는 곧바로 가네코에게 전화를 걸었다. 그러자 이런 답변이 왔다.

"모든 제품은 각각 4천 개씩 주문이 들어와 있습니다. 하지만 영업부는 매출을 늘리고 싶어하니까 판매가가 높은 JA2와 JA4를 우선해서 만들라고 지시했어요. 우리 제조부로서는 사실 모든 제품을 골고루 만들고 싶죠. 하지만 JA1과 JA3은 판매가가 낮으니까요. 최종적으로는 저의 재량으로 생산량을 정하고 있습니다."

마리는 생산량에 사이클 타임을 적용해서 조립로봇과 검사장치

❖ 나가노 공장의 사이클 타임

사이클 타임(CT, Cycle Time) = 제품 한 개당 공정별 소요시간

나가노 공장의 제품별 사이클 타임

제품명		JA1	JA2	JA3	JA4
사이클 타임	조립공정	3초	5초	3초	5초
	검사공정	3초	15초	3초	5초
판매가		900엔	1,500엔	900엔	1,500엔
원재료비		300엔	700엔	300엔	400엔
공헌이익		600엔	800엔	600엔	1,100엔
생산량		1,500개	2,000개	1,500개	2,000개

생산량이 많다

판매가와 공헌이익이 높은 제품(JA2와 JA4)의 생산량이 더 많다.

에 필요한 일일 가동시간을 계산해보았다.

'내 생각이 맞았어.'

재공품이 쌓이는 원인이 분명하게 드러났다. 제품을 만드는 데 조립공정에서는 484분(약 8시간)이 걸리는 데 비해 검사공정에서 817분(약 13시간)이나 걸린다. 그래서 1교대를 마칠 때쯤엔 검사공정 직전의 재공품 재고가 산더미처럼 쌓이는 것이다. 제품검사를 전부 마치려면 추가로 5시간이 더 필요하기 때문에 공장 가동시간을 2교대로 돌릴 수밖에 없는 것이다.

만약 조립로봇의 생산능력을 백 퍼센트 발휘하여 하루에 16시간(2교대)을 일한다면 검사공정이 그 속도를 따라가지 못해 공장은 '재공품 정글'이 되고 말 것이다.

하지만 마리의 머릿속에는 다츠야의 말이 빙글빙글 맴돌았다. 그때 다츠야는 분명히 '매출을 배로 늘리겠다'는 마법사 같은 말을 했다.

'아무리 부장님이라도 그건 불가능한 일이야…….'

그렇게 생각하며 마리는 엑셀표를 인쇄한 종이를 가지고 임원회의실로 향했다.

임원회의실

마스오와 미사와, 다츠야는 마리에게서 건네받은 자료를 읽어보았다. 맨 먼저 미사와가 운을 뗐다.

"역시 검사장치에서 병목현상이 일어나는군요. 그중에서도 JA2의 사이클 타임이 너무 깁니다."

미사와는 검사공정 사이클 타임이 길어지는 이유를 검사항목이 많기 때문이라고 설명한 다음 "검사장치가 한 대만 더 있어도 간단히 해결될 문제인데……." 하고 한숨을 내쉬었다. 가격이 비싼데다 발주 후 납품되기까지 6개월 이상이나 걸린다. 안 되는 일을 자꾸 탓해봐야 소용없다는 걸 알면서도 미사와는 아쉽기만 했다.

그때 다츠야가 이렇게 말했다.

"생산순서를 바꾸기만 해도 연간 2억 엔의 이익증대가 가능합니다."

"설마, 어떻게 그게 가능하단 말인가?"

미사와는 도저히 믿을 수 없다는 얼굴로 다츠야에게 물었다.

"난 무슨 소리인지 알겠네."

그렇게 말한 것은 마스오였다.

"나가노 공장을 풀가동해서 매출을 늘린다. 하지만 매출을 늘리면 반대로 이익이 줄어드는 모순된 상황에 직면하게 된다. 그럴 땐 제품 한 개당 공헌이익을 기준으로 생산량을 결정하는 게 정답이야."

"공헌이익은 판매가에서 재료비와 외주비를 뺀 금액이지요?"

미사와가 확인했다.

"그래요. 고정비를 회수하는 원천이 공헌이익이니까 공헌이익을 최대화하도록 생산계획을 짜는 게 핵심이죠."

❖ 병목현상은 어디서 발생하나?

> 병목현상 = 작업 흐름의 효율이 제일 낮은 곳에 부하가 걸려서
> 전체 효율이 떨어지는 현상

나가노 공장의 병목현상

제품명	JA1	JA2	JA3	JA4	합계
수주량	4,000개	4,000개	4,000개	4,000개	16,000개
생산량	1,500개	2,000개	1,500개	2,000개	7,000개조립
로봇 가동시간	75분	167분	75분	167분	484분
검사장치 가동시간	75분	500분	75분	167분	817분

8시간 이상!

조립보다
검사시간이
더 걸린다

조립로봇보다 검사장치의 가동시간이 더 길다. 특히 JA2는 검사공정에
무려 500분(8시간 이상)이나 소요되고 있다.

↓

조립이 끝나고 검사를 기다리는 재공품 재고가 점점 쌓이게 된다.

❖ 사장의 제안 VS 다츠야의 제안

사장의 제안(제품 한 개당 공헌이익이 큰 제품부터 생산한다)

제품명	JA1	JA2	JA3	JA4	합계
주문량	4,000개	4,000개	4,000개	4,000개	16,000개
생산량		1,800개		4,000개	5,800개
조립로봇		150분		333분	483분
가동시간 검사장치		450분		333분	783분
가동시간 매출액		270만 엔		600만 엔	870만 엔
공헌이익		144만 엔		440만 엔	584만 엔

다츠야의 제안(병목현상이 일어나는 공정에서 시간 당 공헌이익이 많은 제품부터 생산한다)

제품명	JA1	JA2	JA3	JA4	합계
주문량	4,000개	4,000개	4,000개	4,000개	16,000개
생산량			3,000개	4,000개	7,000개
조립로봇			150분	333분	483분
가동시간 검사장치			150분	333분	483분
가동시간 매출액			270만 엔	600만 엔	870만 엔
공헌이익			180만 엔	440만 엔	620만 엔

공헌이익도 늘어난다

조립과 검사를
8시간(1교대)에 마칠 수 있다

회계 분야에는 늘 뒤로 물러서 있던 마스오가 오늘은 웬일로 활기차게 의견을 펼쳤다.

"사장님이 이렇게 잘 알고 계실 줄은 미처 몰랐습니다……."

미사와는 자연스럽게 마스오의 관리회계 지식에 대해 감탄했다.

"생산능력에 한계가 있어서 생산물량을 충분히 댈 수 없다면 한 개당 공헌이익이 큰 제품을 우선해서 생산해야 해. 매출액 기준이 아니라……."

마스오는 더욱 의기양양하게 말했다. 그러자 미사와는 마리가 만든 자료를 다시 한 번 살펴보았다.

"그럼 사장님은 우선 JA4를 만들고 남는 시간에 JA2를 만들자는 생각이시군요? 그리고 가능한 한 JA1, JA3은 만들지 않는다. 그런 뜻인가요?"

"그렇지."

마스오가 흡족한 표정으로 말했다.

한편, 그런 마스오를 보고 있자니 다츠야는 어떤 식으로 말을 꺼내야 할지 난감했다.

이렇게 생기 넘치는 마스오를 처음 본다. 아마 죽어라 공부했을 것이다. 아니면 마나카가 가르쳐주었을 수도 있다. 하지만 안타깝게도 마스오의 생각은 틀렸다. 그러니 바로잡을 수밖에. 다츠야가 입을 열었다.

"물론 사장님 생각대로 제품을 생산하면 제이피의 일일 공헌이익은 584만 엔이 되어 24만 엔 증가합니다. 하지만 검사장치 시간은 783분(13시간)이니까 여전히 2교대 체제를 유지해야 하고 야간 근무 시간엔 검사만 하다가 끝나겠지요. 생산계획을 작성할 때 중요한 점은 병목현상이 발생하는 공정의 공헌이익을 최대화하는데 주안점을 두고 계획을 짜는 것입니다. 나가노 공장의 병목현상은 검사공정이니까 시간당 공헌이익이 큰 제품을 우선으로 생산하면 됩니다."

다츠야가 말을 마치자 미사와는 이렇게 질문했다.

"그런 식으로 하면 조립로봇은 놀게 될 텐데?"

"놀아도 괜찮습니다. 아무리 제품을 많이 만들어도 검사공정을 통과하지 않으면 완성된 게 아니니까요. 그보다는 검사를 포함해서 1교대만으로 작업을 마치는 방법을 생각하는 게 더 효과적입니다.

시간당 공헌이익률이 가장 높은 JA4를 4,000개, JA3을 3,000개 생산하면 1교대(8시간)만 돌려도 조립공정과 검사공정을 끝낼 수 있습니다. 그러면 공헌이익도 620만 엔으로 늘어나니까 하루 60만 엔, 연간으로는 1억 8천만 엔이나 이익이 늘어난다는 계산이 나옵니다. 물론 지금까지 지급해온 잔업수당도 발생하지 않겠지요. 그러니까 이익을 2억 엔 증대하는 건 그렇게 어렵지 않습니다."

다츠야는 가슴을 펴고 자랑스럽게 말했다. 하지만 다츠야의 이야기를 듣는 동안 마스오는 점점 심사가 뒤틀렸다. 마스오의 입가에 경련이 일더니 결국 울분이 터져 나왔다.

"다츠야 부장! 자네, 뭔가 착각하고 있는 게 아닌가?"

다츠야는 마스오가 왜 난데없이 화를 내는지 영문을 몰라 어리둥절했다.

"사장님, 제가 무슨 실례되는 말이라도 했습니까?"

다츠야는 갑작스러운 마스오의 반응에 그저 당황스러울 뿐이다.

"난 말이지, 자네가 하고 있는 일, 자네 태도, 그런 모든 게 다 마음에 안 들어. 착각하지 말라고. 자네는 이사경리부장에 지나지 않아. 사장은 바로 나야!"

마스오의 입가가 분노로 떨렸다.

"대체 날 뭘로 보는 거야? 내가 자네 아랫사람인 줄 아나? 은행이 대출을 승인한 건 다카라베 가문의 신용이 있기 때문이야. 나와 어머니가 모든 재산을 내놓았기 때문에 이 회사는 망하지 않은 거라고! 그 점을 똑똑히 알아두게!"

'착각도 유분수지…….'

다츠야는 눈앞에서 붉으락푸르락하며 떨리는 목소리로 고함치고 있는 마스오에게 진저리가 났다. 이 회사를 위기에 빠뜨렸던 당사자가 바로 사장인 당신이 아니냐고 마스오에게 말해주고 싶었지만 가까스로 참았다.

영업활동 현금흐름이 흑자가 나지 않으면 제이피의 지적재산은 제임스의 투자펀드사로 넘어가게 된다. 지적재산권을 빼앗긴 제이피는 '앙꼬 없는 찐빵'이나 다름없다. 사코타도 린다도 그 사태를 눈뜨고 보고만 있진 않을 것이다. 지적재산 쟁탈전으로 제이피가 쑥대밭이 될 것이 불 보듯 뻔했다.

그렇기 때문에 다츠야는 일단 자신의 힘으로 현금을 만들어내는 데 주력해야 한다고 생각했다. 생산계획을 변경하기만 하면 공헌이 익을 연간 2억 엔 가까이 증가시키고 고정비를 1억 엔이나 줄일 수 있기 때문이다. 그런데 마스오는 자기 생각을 거부당했다는 이유만으로 화를 내며 다츠야의 말을 무시했다.

'진짜 밴댕이 속이네.'

다츠야는 너무 어이가 없어서 이젠 화낼 기운도 없었다.

"다츠야 부장은 열심히 하고 있습니다. 사장님의 생각도 지당하시지만 일단 다츠야 부장의 생각대로 실행해보는 게 어떨까요?"

미사와가 가만히 있으면 안 되겠다 싶어서 완곡하게 마스오를 달랬다.

'지금까지 쏟은 노력이 제발 헛수고가 안 되기를……'

하지만 미사와의 지원사격은 마스오의 분노를 부채질할 뿐이었다.

"미사와 상무님도 다츠야 부장 편입니까! 똑똑히 말씀드리죠. 다츠야 부장, 자네는 앞으로 경리업무를 제외한 다른 일에는 일체 나서지 말게! 오늘부터 내가 직접 나서서 경영하겠어. 아무도 이래라저래라 못할 줄 알아!"

그렇게 내뱉은 마스오는 시뻘건 얼굴로 사장실을 박차고 나갔다. 다츠야는 잠자코 마스오의 뒷모습에 목례를 했다. 미사와가 자리에서 일어나 마스오를 뒤쫓았다. 그때였다.

"자네, 거기서 뭐하는 거야!"

미사와의 목소리에 놀라 다츠야가 문쪽을 보았다. 거기에는 경리부의 다나카가 IC 레코더를 쥐고 서 있었다.

다츠야는 그 광경을 보고 불길한 예감이 들었다.

네즈의 초밥집

"더러워서 못 해먹겠네."

다츠야는 넌더리가 난다는 표정으로 맥주를 쭉 들이켰다.

"저도 들었어요. 사장님이 앞으로 경영에 간섭하지 말라고 했다면서요?"

"그 이야기를 어디서 들었어?"

마스오가 회의실에서 폭발한 일을 마리는 이미 알고 있었다.

"점심시간에 휴게실에서 여직원들이 이야기하던데요?"

다츠야는 자신의 귀를 의심했다. 반나절도 지나지 않아 전 직원이 그 이야기로 입방아를 찧고 있다니. 범인은 보나마나 경리부의 다나카였다. 회의를 엿들은 걸로도 모자라 IC 레코더로 녹음을 하려고 하다니 무슨 꿍꿍이가 있는 게 틀림없다는 생각에 다츠야의 얼굴이 분을 참지 못해 새빨개졌다.

'다나카, 이 자식······.'

"다츠야 부장님은 경리업무에만 전념할 건가요?"

"지금 농담해? 지금 개혁을 중단한다면 결과는 뻔해. 내 손으로 제이피를 일으켜 세울 거야. 사장님이 뭐라고 하시건 해내고 말겠어. 이 회사를 구하는 건 다름 아닌 나야. 창업자의 아들인 것만 내세우는 사람이 뭘 하겠어."

다츠야는 그렇게 울분을 내뱉고 이번에는 정종을 따르더니 단숨에 들이켰다.

"부장님, 그렇게 마시면 몸에 안 좋아요."

마리는 다츠야의 손에서 술잔을 살짝 빼앗았다.

"무슨 일이 있어도 저는 부장님을 지지할 거예요. 하지만 절대 사장님하고 싸우진 마세요."

말은 그렇게 했지만 마리는 다츠야의 말이 듣기 거북했다. 다츠야는 우수한 두뇌와 행동력을 겸비한 인재다. 다츠야가 없었다면 제이피는 다른 사람 손에 넘어갔을 것이다. 하지만 아무리 그래도 다츠야는 신이 아니다. 그런데 지금 다츠야에게선 겸손함이 전혀 보이지 않았다.

"난 자나깨나 제이피를 구할 방도를 모색하고 있어. 사장님처럼 머리 나쁜 사람도 회사를 운영할 수 있을 정도로 실적이 회복되면 그때는 이곳을 떠날 생각이야. 그러니까 앞으로 6개월 동안에는 사장님이 가만히 좀 있어야 할 텐데."

마리는 더욱 걱정이 되었다. 마리는 이대로는 다츠야도 언젠가

나무에서 떨어질 날이 올 것이고 만약 다츠야가 회사에서 밀려나기
라도 한다면 제이피의 미래는 없는 걸 알았다.

🔑 불만 _ 12월 27일

후미의 집

후미는 얼마 남지 않은 여생을 딸인 사유리와 함께 살기 위해 병
원 근처에 있는 고층 아파트로 이사했다.

그러던 어느 날, 집 근처라서 잠깐 들르겠다는 마스오의 전화가
불쑥 걸려왔다. 한 시간도 지나지 않아 현관 벨이 울렸다.

사유리가 인터폰 화면을 보자 종이봉투를 들고 있는 마스오가 보였
다. 묵직한 현관문을 열자 마스오가 종이봉투를 사유리에게 내밀었다.

"네가 좋아하는 조각 케이크야."

"고마워, 오빠. 어머니가 기다리고 계셔."

사유리는 마스오를 거실로 데려갔다.

"어머니, 좋아 보이시네요."

마스오가 반갑게 인사를 하자 후미는 조용히 미소 지었다.

"그래. 회사는 어떠니?"

후미가 끊어질 듯이 가는 목소리로 물었다.

"뭐, 그저 그래요."

"다츠야는 잘하고 있지?"

"……."

마스오의 얼굴이 약간 굳어졌다.

"자, 드세요."

사유리는 홍차와 조각 케이크를 테이블에 놓았다. 새콤달콤한 베르가모트 향이 은은하게 퍼졌다.

"얼그레이구나. 마음이 차분해지네."

마스오는 홍차를 맛있게 한 모금 마셨다.

"오늘 무슨 일이 있었니?"

후미가 걱정스러운 표정으로 물었다. 마스오가 예고 없이 불쑥 찾아올 때에는 어김없이 무슨 일이 있는 날이었다.

"……."

마스오는 대꾸 없이 케이크를 입에 넣었다.

마음에 들지 않는 일이 있으면 마스오는 입을 다물어버리는 버릇이 있다.

"좀 상의할 게 있어서요."

마스오가 한참만에 입을 뗐다.

"다츠야란 녀석은 자기가 사장인 줄 알아요."

마스오는 포크를 놓고 이야기하기 시작했다.

"그게 무슨 말이니?"

"자기가 사장인 것처럼 으스댄다고요."

마스오의 입가가 떨렸다.

"그 녀석은 임원회의를 좌지우지하고 내 생각은 귓등으로도 안 듣는다니까요."

"하지만 네가 다츠야에게 인사권과 결재권을 부여했잖니?"

"난 그렇게 말한 적 없어요! 경리부문의 인사권과 결재권을 일임했을 뿐이지."

마스오는 테이블을 힘껏 내리쳤다. 홍차가 찻잔에서 튀어나와 테이블을 적셨다.

그러고는 갑자기 화제를 바꾸었다.

"어머니, UEPC라는 회사를 아세요?"

"미국 전자부품회사 말이지? 알고말고. 아버지가 항상 롤모델로 삼던 회사였단다."

후미는 망자가 된 남편을 떠올리며 말했다.

"실은 그 회사 일본 지사장이 직접 연락을 했어요. 함께 글로벌 비즈니스를 하자고 하더군요."

"직접? 미사와나 다츠야도 그 얘기를 알고 있니?"

후미가 되물었다.

"아직 아무도 몰라요. 이야기할 생각도 없고……. UEPC와 손을 잡으면 지금 있는 차입금 따윈 문제도 아니라고요."

마스오는 어린아이처럼 크게 웃었다.

🔑 마나카의 본심 _ 2009년 1월 30일

밀담

마나카가 고급스러운 전통 일식집을 찾은 건 실로 오랜만이다. 예전에는 마다라메와 기우치를 데리고 종종 이 가게를 찾았다.

이 가게는 제이피 경리부의 회의실 역할도 했다. 결산기간이 다가오면 마나카는 부하직원들을 이곳에 데려와 비밀회의를 열곤 했다. 순환거래와 재고조작도 이곳에서 작당한 일이었다.

하지만 모에와 만날 때는 여기서 차로 몇 분 떨어진 호텔의 스위트룸을 이용했다. 모에는 다른 사람들이 볼지도 모른다며 항상 룸서비스를 시켰다. 와인은 샤토 라투르나 샤토 라피트를 즐겨 마셨는데 둘 다 월급쟁이 형편으론 꿈도 못 꾸는 가격이었다. 그때는 돈이라면 얼마든지 있었다…….

가게에 들어서자 여주인이 오랜만에 들렀다며 아주 반가운 얼굴로 맞아주었다. 그러고는 언제나 사용하던 가게 안쪽에 있는 방으로 안내했다. 밀담을 나누기엔 안성맞춤인 방이었다. 마나카는 그 방에서 사코타를 기다렸다. 얼마 후 검은색 고급승용차가 가게 앞에서 멈추고 사코타가 등장했다.

마나카는 사코타를 보자마자 다짜고짜 부탁이 있다며 무릎을 꿇고 등을 꼿꼿이 폈다.

"제이피로 돌아가고 싶습니다."

사코타는 자신의 귀를 의심했다. 마나카가 지금 자신을 추방한 회사에 다시 돌아가고 싶다고 말하는 것이다.

"전 억울하게 제이피에서 쫓겨났습니다. 그런 저를…… 모에는 잊지 않고 기다려주었습니다. 마다라메에게 제이피의 사정을 알아보게 한 건 제가 그 회사에 당당하게 귀환할 기회를 알려주기 위해서였어요."

'이제 보니 정말 순진한 녀석일세.'

사코타는 자존심에 죽고 사는 이 인간의 약점을 밑바닥까지 알고 있는 모에가 의심스러웠다.

"제이피에 돌아가고 싶다고 말해도…… 내가 해줄 수 있는 게 없는데……."

그러자 마나카가 자세를 바로잡으며 정중히 고개를 숙였다.

"린다를 소개시켜주십시오."

마나카의 술책

그날 밤, 마나카의 집에 전화가 한 통 걸려왔다. 마나카는 흔들의 자에 앉아서 협탁에 세워놓은 휴대전화에 손을 뻗었다. 전화를 건 인물은 마다라메였다. 그는 마스오가 다츠야에게 '오늘부터 내가 직접 나서서 경영하겠어'라고 말하며 펄펄 뛴 사건을 전했다.

"정보원은 경리부의 다나카입니다. 사장실 문 너머로 세 사람의 대화를 엿들었다는군요. 진짜 대담한 녀석이에요. 그런 위험을 무릅쓰면서 우리를 도와주고 있는 거죠. 다나카는 대화내용을 IC레코더에 녹음했지만 미사와에게 들켜서 어쩔 수 없이 그 자리에서 지웠다고 합니다."

마다라메의 목소리는 한껏 들떠 있었다.

"마스오가 폭발했단 말이지? 능력도 없는 주제에 자존심은 있어 가지고……."

마나카는 터져 나오는 웃음을 가까스로 참았다. 하늘이 자신을 돕고 있다고 생각했다.

마나카는 재빨리 머리를 굴렸다.

'마스오는 경영자가 될 만한 그릇이 아니다. 얼마 안 가 제이피가 휘청거릴 것이 눈에 선하다. 그렇게 되면 직원들은 불만의 화살을 다츠야에게 돌릴 것이다.

빠르든 늦든 결국 마스오는 나, 마나카를 의지하게 될 것이다. 다츠야에게 반발심을 품고 있는 직원들도 내가 제이피로 돌아오길 목이 빠지게 기다리고 있을 터다.

린다라는 여자도 제이피를 속속들이 알고 있는 내가 필요할 것이다. 그렇게 되면 나는 원한을 풀고 제이피의 사장이 될 수 있다. 하지만…….'

마나카는 망상에서 빠져나와 마음을 다잡았다. 단 다츠야를 얕잡아보면 안 된다는 생각과 질질 끌지 말고 단번에 숨통을 끊어야 한다는 생각에 마나카는 눈을 감고 맹렬하게 뇌세포를 회전시켰다.

'그래! 그 두 여자를 이용해야겠어!'

마나카는 먼저 호소야 마리를 떠올렸다. 마나카가 제이피에 있을 때 시종 마다라메의 괴롭힘을 당했던 마리를 구해준 사람이 다츠야였다. 그 후 다츠야의 추천을 받아 경리과장으로 승진했다. 마나카는 마리를 자신의 아군으로 끌어들이는 건 거의 불가능하지만 다츠야의 적으로 인식시킬 수는 있다고 생각했다.

또 한 명은 린다. 마나카는 사코타에게서 린다와 다츠야는 싱가포르 대학의 MBA 코스를 밟은 동기라는 사실을 알았다. 다츠야가 린다의 집을 들락날락했을 만큼 가까운 두 사람의 관계를 마리에게 슬쩍 흘리기만 하면 된다고 마나카는 생각했다. 실상은 친구 사이일 수도 있지만, 마리가 듣고 싶지 않은 방향으로 이야기를 꾸며내기만 하면 마리의 마음은 틀림없이 다츠야에게서 멀어질 것이라고 마나카는 확신했다.

마나카는 린다에게 전화를 걸었다.

"뚜 뚜…"

발신음이 몇 번 들린 후 여자 목소리가 흘러 나왔다.

"린다입니다."

린다는 지금 해외에 있었다. 마나카는 일본어로 이야기하기 시작했다.

"처음 뵙겠습니다. 저는 마나카 류조라고 합니다. 간토비즈니스 은행의 사코타 상무님이 린다 씨를 소개해주시더군요."

"아, 마나카 씨로군요."

"만나 뵙고 드릴 말씀이 있는데요."

"지금 이야기하시죠."

린다가 사무적인 어투로 말했다.

"린다 씨, 그럴 순 없죠. 제이피의 운명을 좌우할 정보니까요. 이건 거래입니다."

"거래……. 좋아요. 내일 22시에 도쿄에 있는 제 사무실로 오세요."

그렇게 말하고 린다는 전화를 끊었다.

🔑 구세주 _ 2월 2일

마인슬리 일본지사

마나카는 약속시간인 밤 10시 정각에 일본 마인슬리사가 입주한 빌딩에 도착하자마자 린다에게 전화를 걸었다.

몇 분 뒤, 린다의 비서라는 여자가 나타나 마나카를 30층으로 안내했다. 어두운 색깔의 사무실 벽에 'Minethly&Co.Japan'이라는 회사명이 금박으로 새겨져 있었다.

마나카가 사장실에 들어가자 린다는 읽고 있던 서류를 책상에 놓고 하얀 손을 내밀었다.

"만나서 반갑습니다."

"저도 만나서 반갑습니다. 이렇게 빨리 시간을 내주실 줄은 몰랐습니다."

마나카가 황송해했다.

"그럼 용건을 말씀하시죠."

린다가 단도직입적으로 물었다.

"제이피의 단 다츠야라는 사람을 알고 계시지요?"

마나카가 운을 떼자 린다는 살짝 고개를 끄덕였다.

"린다 씨와는 싱가포르 대학원 MBA 코스의 동기라고 들었습니다."

마나카는 은근한 어투로 말했다. 하지만 린다는 무덤덤하게 대응했다.

"다츠야 씨는 대학원 수석이었으니까 동기라면 누구나 다 알고 있죠."

"그럼 제이피의 CFO인 것도 알고 계시지요?"

"물론이에요. 실질적인 CEO라는 사실도요. 그리고 상사였던 마나카 씨가 다츠야 씨 때문에 회사에서 추방된 것도 말이죠."

그러자 마나카는 짐짓 불쾌한 표정을 지어 보였다.

"아니, 누가 그런 엉터리 정보를 흘렸습니까?"

"마나카 씨에 대해선 이미 보고를 받았어요."

린다는 A4용지에 정리된 신변조사 보고서를 마나카에게 보였다.

"마나카 씨는 제이피를 가로채려고 시도했지만 실패로 끝났죠.

그때 마나카 씨의 부정을 폭로한 것이 다츠야 씨였죠."

그러자 마나카는 옅은 미소를 띠며 반론을 제기했다.

"그건 사실무근입니다. 뭐, 언젠간 알게 되겠지요. 그 남자는 우사미라는 사기꾼의 말에 세뇌된 것뿐이에요. 없는 사실을 꾸며내어 방해가 되는 사람을 제거하는 거죠. 아마도 린다 씨가 읽은 보고서에는 그의 중상모략이 아무런 검증 없이 그대로 쓰여 있을 겁니다. 그런데 다츠야의 수법은 말이죠, 항상 여자를 이용해서 사기를 치는 게 특징이죠."

마나카는 상상력을 동원해 다츠야를 악당으로 묘사했다.

'여자를 이용해서 사기를 친다…?'

그 말에 린다는 예민하게 반응했다. 그 반응은 분명히 혐오감이었다.

'역시 두 사람은 평범한 사이가 아니었어…….'

마나카는 그렇게 확신했다.

그리고 준비해둔 카드를 펼쳤다.

"사실은 재미있는 정보가 있어서 왔습니다."

그는 린다에게 얼굴을 가까이 대고 목소리를 낮추었다.

"마스오 사장이 다츠야를 쫓아낼 거라는군요."

"그게 정말인가요?"

린다는 저도 모르게 소리를 높였다.

"제가 무슨 득이 있다고 여기까지 와서 거짓말을 하겠습니까? 아무래도 다츠야가 사장에게 폭언을 퍼부은 모양입니다. 그래서 평소에 그렇게 사람 좋은 사장도 참을 수 없었던 거죠."

"그건 어디서 들은 정보인가요?"

"그건 말할 수 없습니다. 사장이 결별을 선언했을 때의 상황을 제 예전 부하직원들이 고맙게도 IC레코더로 녹음해두었지요."

마나카는 희미한 미소를 띠며 이야기를 계속했다.

"그 얘기는 믿어보지요."

"린다 씨, 제가 하고 싶은 이야기는 지금부터입니다. 다츠야가 그 회사에서 사라지면 제이피는 순식간에 산산조각이 날 겁니다. 현재 사장은 회사를 경영할 능력이 없어요. 하지만 그 회사의 지적재산 은 대단한 가치가 있지요. 아마 10억 엔쯤 될 겁니다."

"10억 엔이요……."

'한자릿 수가 모자라는데요.' 라고 말하려다 린다는 입을 다물었 다. 마나카도 제이피의 참된 가치를 전혀 모르고 있었다.

"저도 이대로 인생을 끝내고 싶진 않습니다. 그러니 상생관계를 구축하는 게 어떨까요?"

"상생 말씀이신가요. 그럼 마나카 씨가 원하는 건 뭐죠?"

"잃어버린 명예, 제이피의 사장 자리, 그리고 다츠야의 목입니 다."

린다는 놀란 기색도 없이 수긍했다. 이번에는 마나카가 물을 차 례였다.

"린다 씨는 무엇을 원하세요?"

"내 자존심, 제이피의 경영권, 그리고…… 당신과 같은 거요."

린다는 대담한 미소를 띠었다.

제이피 본사

얼마 전의 회의에서 다츠야는 마스오의 유치한 행동을 목격한 뒤, 제이피의 경영을 그에게 맡길 수 없다고 새삼 확신했다.

'제이피를 구할 사람은 나밖에 없어!'

하지만 사내에는 다츠야의 지지자만 있는 건 아니었다. 다츠야 자신도 그 점을 잘 알고 있었다. 특히 부하 직원인 경리부 기우치나 다나카의 언동이 요즘 이상해졌다.

처음에는 마리를 중용한 것에 대한 반발심 때문일 거라고 다츠야는 생각했다. 하지만 그것만은 아니었다. 그들은 노골적으로 다츠야를 피했다. 다츠야가 말을 걸어도 절대로 마음의 문을 열지 않았다. 그리고 다나카의 '엿듣기 사건'이 일어났다. 이런 상황이 계속된다면 회사 개혁이 난항을 겪을 수밖에 없었다.

마스오와의 갈등, 부하직원들의 반목이 증폭되는 가운데 다츠야는 사내체제를 바로잡기 위해 비상회의를 소집했다.

임원회의실에는 미사와 상무, 나가노 공장의 가네코 공장장, 세키야마 영업부장, 경리부의 호소야 마리 과장이 모였다. 하지만 사장인 마스오는 모습을 보이지 않았다.

"사장님은 급한 일이 생겨서 참석하지 못했습니다. 유감스럽지만, 사장님 없이 회의를 시작하겠습니다."

이렇게 운을 떼며 다츠야는 전원을 둘러보았다.

"오늘 회의를 소집한 것은 현재 진행되고 있는 내용을 확인하고 개혁에 속도를 붙이기 위해서입니다. 이제 어느 정도 결과를 내야 할 때입니다."

다츠야는 먼저 진행 상황부터 전달했다.

아이치 공장은 매각처가 정해졌고 나가노 공장은 구조조정이 한창이다. 또, 구조조정의 효과로 인해 공헌이익과 고정비가 큰 폭으로 개선되어 당기 세전이익이 11억 엔을 달성할 전망이라고 이야기했다.

하지만 이 정도 결과로는 간토비즈니스은행과 제임스가 있는 에든버러 투자회사를 설득할 수 없을 거라고 덧붙였다.

그러자 마리가 의문스러운 표정으로 손을 들었다.

"회사가 적자에서 흑자로 돌아서고 차입금도 반이나 상환하게 되는데 왜 채권자들이 불만을 품죠?"

"물론 일부 제품은 엄청나게 주문이 밀린 상태지만 이런 추세는 1년도 안 되어 원상태로 돌아올 겁니다. 그러니 경쟁에 이기기 위해서는 끊임없이 신제품을 출시해야만 합니다.

그리고 지금처럼 제품검사에 시간이 걸리는 상태로는 더 이상 생산량을 늘릴 수 없어요. 그래서 나가노 공장의 가네코 씨가 조립과 검사를 동시에 하는 로봇을 개발하는 중입니다. 저는 이것이야말로 채권자들을 설득할 첫 번째 열쇠라고 생각합니다."

그러자 미사와가 입을 열었다.

"첫 번째 열쇠라는 건 그것만으로는 부족하다는 뜻인가?"

다츠야는 준비해온 자료를 사람들에게 나누어주었다.

"지금처럼 생산량을 계속 늘리면 분명히 자금난을 겪게 됩니다. 두 번째 열쇠는 생산량을 늘려도 운전자금은 늘어나지 않는 시스템을 구축하는 방법을 알아내는 것입니다. 하지만 아직 답이 보이지 않습니다."

🔑 도발 _ 2월 9일

알랭과의 만남

마스오는 UEPC 일본 지사장인 알랭 보가드를 만나러 마루노우치의 안쪽 골목길에 위치한 최고급 호텔로 갔다. 엘리베이터를 타고 23층에서 내려 어떤 방 앞에서 벨을 누르자 방문이 열렸다. 30대 초반쯤 되어 보이는 남자가 미소를 지으며 들어오라는 손 동작을 하더니 유창한 일본어로 말하기 시작했다.

"기다리고 있었습니다. 저는 UEPC의 알랭 보가드입니다. 제이피의 사장님을 만나 뵙게 되어 정말 영광입니다. 제이피가 지금처럼 뛰어난 기술을 보유한 회사로 성장한 건 전부 다 시대의 흐름을 읽는 데 천재적인 안목을 가진 아버님과 아드님이신 당신의 경영능력 덕분이라는 평판이 자자합니다."

알랭은 입에 침이 마르도록 마스오를 칭찬했다. 하지만 사업에 대해서는 한마디도 하지 않았다. 마스오는 점차 불안해졌다.

'역시 그냥 해본 말이었나……'

그때였다. 알랭은 셔츠 주머니에서 봉투를 하나 꺼내더니 마스오에게 내밀었다.

"저희 회사의 성의 표시입니다. 받아두세요."

마스오는 어안이 벙벙해 봉투를 열어 내용물을 꺼냈다. 그것은 뉴욕행 일등석 비행기표였다.

알랭이 마스오에게 확신을 안겨주었다.

"꼭 사모님과 함께 저희 본사를 찾아주십시오."

제이피 본사 회의실

"왜 제가 현금순환주기 단축을 그토록 강조하는지 말씀드리죠."

그렇게 말하며 다츠야는 주위를 둘러보았다. 임원회의의 주제는 오늘도 현금경영이었다. 모르는 사람이 보면 다츠야가 제이피의 CEO라고 착각할 정도였다.

"보통, 재공품의 회전일수를 계산할 때에는 월말 재고금액을 기준으로 삼습니다(월말 재공품 수량÷일일 매출원가). 경영자와 회계 담당자는 이 계산방법을 아무런 의문도 없이 받아들이고 있어요. 비단 여러분만이 아니라 관리회계를 배운 대부분의 사람들이 이 방법을 옳다고 생각하지요.

하지만 월말 재고는 이른바 '정지된 화면' 입니다. 실제로는 재고가 끊임없이 움직이고 있죠. 정지된 화면으로는 지금 무슨 일이 일어나고 있는지 당연히 모르겠지요. 현재 발생하는 위기상황을 알아차릴 수 없다는 말입니다."

다츠야가 가네코에게 질문을 던졌다.

"나가노 공장의 재고금액은 얼마인가요?"

가네코는 당황한 기색으로 열심히 머리를 굴렸다.

"글쎄요. 매일 변하니까 딱 잘라서 말씀드릴 수 없는데요."

"대략 어느 정도 변동하나요?"

"플러스마이너스 3억 엔 정도입니다. 원재료와 재공품 재고는 매달, 또 매일 큰 폭으로 왔다 갔다 합니다."

"그렇군요. 하지만 회계자료에는 재고가 매일 변동하는 사실이 나와 있지 않습니다. 그래서 중요한 점을 놓치는 거죠."

"월말 시점의 재고가 어쩌다 많을 수도 있고 적을 수도 있다는 말씀이시네요."

마리가 자신이 바르게 이해했는지 확인하듯이 말했다.

"맞아요. 현금순환주기를 좋게 보이고 싶으면 원재료 검수과정을 늦춰서 일시적으로 월말 재고를 감소시키면 됩니다. 외상매출금도 마찬가지죠. 즉, 현금순환주기를 9일로 만드는 건 그리 어렵지 않습니다. 하지만 그건 근본적인 해결책이 아니지요.

전에도 말씀드렸지만, 원재료와 재공품은 미래에 현금이 될 현금 후보들입니다. 어마어마한 현금이 매일 공장 안에서 돌아다니고 있어요. 그걸 그림으로 나타내면 이렇게 됩니다."

다츠야는 화이트보드에 그림을 그리고 그 그림을 가리키며 설명했다.

"이 곡선은 나가노 공장의 일일 재고금액입니다. 월초에는 재고가 줄어들고 중순까지 증가하다가 하순이 되면 다시 감소합니다. 곡선에 채워진 면적이 공장에 정체되어 있는 현금입니다. 일일 평균재고금액은 11억 엔이니까 1개월에 300억 엔이 넘는 금액이 공장에 쌓여 있다는 이야기입니다."

세키야마 영업부장이 질문했다.

"면적으로 생각하면 그렇긴 한데 그게 무슨 의미가 있지요?"

다츠야는 설명을 계속했다.

"세키야마 부장님은 주택담보대출을 받으신 적이 있습니까? 대출에는 매일 이자가 발생하지요. 재고도 마찬가지입니다. 면적으로 따졌을 때 300억 엔이란 돈이 묶여 있으니 당연히 그에 따른 비용이 수반됩니다. 재고금액의 연 30% 정도는 발생한다고 생각해야 합니다."

❖ 월말재고는 '정지된 화면'

공장의 재고금액은 매일 변동한다.

그러므로

월말 재고금액 = 그달의 평균치가 아니다.

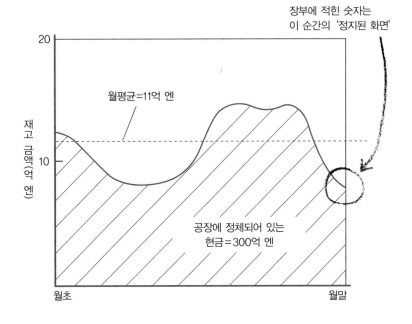

장부에 적힌 숫자는
이 순간의 '정지된 화면'

월평균=11억 엔

재고 금액(억 엔)

20

10

공장에 정체되어 있는
현금＝300억 엔

월초　　　　　　　　　　　　　　　　월말

나가노 공장의 평균재고금액은 11억 엔/일
1개월에 300억 엔 이상의 금액이 공장에 정체되어 있다.

↓

300억 엔×30%(목표 매출총이익)＝90억 엔의 이익이 묻혀 있다!

"30%라는 숫자는 무슨 근거로 산출된 거지?"

미사와가 물었다.

"사업계획서에서 결정한 목표 매출총이익입니다. 제품재고를 판매하면 30%의 매출총이익이 나옵니다. 그러니 제품재고를 그냥 갖고만 있으면 연이율 30%에 달하는 이익이 매몰된다고 간주해야 합니다. 재고에는 그에 따른 비용이 수반되니까요."

미사와는 고개를 갸웃거렸다.

"재고가 미래의 현금 후보이긴 하지. 재고를 줄여서 남은 현금으로 차입금을 상환하면 이자도 줄어들 거야. 그런데 은행 차입금 이자는 아무리 높아도 3% 정도인데 30%는 너무 과하게 잡은 게 아닌가?"

"그렇지 않습니다."

다츠야는 딱 부러지게 부정했다.

"제이피가 존속하려면 적어도 연 5%의 법인세차감전순이익이 필요합니다. 이 이익률에서 역산하면 매출총이익은 최소 30%를 확보해야 합니다."

"제가 제작 중인 로봇도 마찬가지인가요?"

갑자기 가네코가 질문을 던졌다.

"로봇도 똑같습니다. 로봇 한 대를 제작할 경우 1억 엔 정도가 들지요. 이 로봇을 2년 동안 사용한다고 가정하면 1억 6천만 엔(1억 엔+1억 엔×30%×2년)의 현금(Cash Flow)을 창출해야 한다는 말이지요."

그러자 미사와가 팔짱을 끼며 중얼거렸다.

"그렇게나 비용이 들어가고 있었단 말인가……. 어떻게 재고를 감소시킬지 생각해야겠어."

"그게 제이피가 회생하는 열쇠입니다. 그럼 지금부터 제 생각을 말씀드리겠습니다."

그렇게 말하며 다츠야는 의자에서 일어났다.

🔑 후미의 결심 _ 3월 10일

후미의 집

"마스오는 괜찮을까?"

후미는 사유리에게 불안함을 털어놓았다. 지난 달, 마스오가 후미의 집에 찾아와 실컷 자기 자랑을 늘어놓더니 신이 나서 돌아간 게 마음에 걸렸다.

UEPC사의 CEO로부터 뉴욕 본사에 부부 동반으로 초대받았다는 둥, 그가 준 봉투에는 두 사람의 일등석 비행기표와 리츠칼튼 호텔 쿠폰이 들어 있었다는 둥, 일본 지사장인 알랭이 같이 가기 때문에 영어를 못해도 걱정 없다는 둥…….

"드디어 나도 뉴욕에서 일할 수 있게 되었어요!"

마스오는 우쭐해서 후미에게 이렇게 큰소리쳤다.

"일 때문에 가는 걸까요?"

사유리가 걱정스러운 표정으로 물었다.

"그렇다는구나. UEPC사는 아버지도 롤모델로 삼던 미국 전자부품회사란다. 미사와 씨가 발명한 스위치를 칭찬하면서 꼭 함께 비즈니스를 하자고 몸소 마스오에게 전화를 했다지 뭐니?"

후미는 가냘픈 목소리로 걱정거리를 말했다.

"미사와 씨와 다츠야 씨에겐 알리지 않고요?"

"우리밖에 모르는 모양이야."

"그래요……."

사유리도 일이 너무 잘 돌아가는 게 꾸며낸 이야기 같다는 느낌을 지울 수 없었다.

"그래서 말인데, 부탁이 있단다."

사유리는 후미의 생각을 읽을 수 있었다.

"이것을 가지고 이즈에 가거라. 서둘러야 해……."

그렇게 말하며 후미는 두툼한 봉투를 사유리에게 주었다.

우사미의 별장

다음날, 사유리는 급행열차를 타고 이즈에 도착했다. 예전에 미사와와 둘이서 왔을 때처럼 그날도 이즈의 하늘은 구름 한 점 없이 맑았다. 사유리는 택시를 타고 우사미의 별장으로 향했다.

마지막으로 만났던 주주총회가 열린 날로부터 1년도 지나지 않았는데 우사미는 그사이 부쩍 늙은 모습으로 사유리를 맞이했다.

사유리는 후미의 편지를 건넸다.

"다츠야 이 녀석, 또 같은 잘못을 반복하고 있구나……."

우사미는 그 편지를 읽으면서 혼잣말을 했다. 우사미가 사장을 무시하고 거침없이 부하 직원들에게 지시를 내리는 다츠야를 비판하는 말이었다. 하지만 다츠야는 회사의 장래를 위해 직원들을 이끌고 제이피를 파산 위기에서 구하려고 한 것뿐이라는 걸 사유리는 잘 알고 있다. 질책받아 마땅한 사람은 오히려 오빠 마스오라고 생각했다.

사유리가 속내를 말하지 않고 가만히 있는데 우사미가 이렇게 중얼거렸다.

"그런데 사유리, 마스오는 이리 떼의 먹잇감이 되었더구나."

"이리 떼요?"

사유리는 되물었다.

"이 얘기, 꼭 드라마 같다고 생각하지 않나?"

"저는 사업에 대해선 잘 몰라요. 하지만 회사 차원의 거래라기보다는 처음부터 UEPC가 오빠 개인한테 접근한 것 같이 느껴져 불안해요."

"정확하게 맞혔어. 하지만 마스오는 그걸 모르고 있지……."

그렇게 말한 뒤 우사미는 이야기를 시작했다.

"파티를 좋아하는 미국인은 손님 접대에 정말 능숙하단다. 손님을 초대해서 구체적인 칭찬을 아끼지 않지. 그렇게 칭찬받은 쪽은 기분이 좋아지기 마련이고. 그게 미국 문화이니 난 미국인들을 싫어하진 않아. 하지만 그들은 비즈니스를 할 때에도 그 방법을 쓴단다. 영화에 나올법한 화려한 장소에서 턱시도와 이브닝드레스를 입은 남녀가 아낌없이 찬사를 늘어놓지."

사유리는 할리우드 영화의 한 장면이 떠올랐다.

"만약 마스오가 그렇게 융숭한 대접을 받으면 어떤 기분이 들지 쉽게 상상이 가지 않아?"

"오빠 성격으론 보나 마나 점점 더 우쭐해지겠죠."

"어머니의 편지를 읽어보니 마스오는 회사내에서 고립된 것 같더구나. 다츠야는 마스오의 기분을 살피지 않고 자기 마음대로 일을 추진하고 있어. 마스오가 못마땅해하는 모습이 안 봐도 눈에 선해. UEPC는 그런 마스오에게 접근해서 사람을 붕붕 띄운 다음 일등석 비행기표를 미끼 삼아 뉴욕으로 끌어낸 거야. 축구에 비유하면 원정시합을 가는 격이고. 홈그라운드에서도 고전하는데 결과는 뻔하지. 하지만 마스오는 그 점을 전혀 깨닫지 못하고 있어."

"왜 UEPC는 하필이면 지금 오빠에게 접근한 걸까요?"

타이밍이 지나치게 좋다고 생각한 사유리는 그 점이 의심스러웠다.

"누군가가 마스오와 다츠야의 사이가 좋지 않다는 정보를 UEPC에 흘렸을 게야. 그래서 치밀하게 각본을 짰겠지. 제이피의 내부 사정과 마스오의 성격을 훤히 꿰뚫고 있는 누군가가 이 각본을 썼을

게 틀림없어."

우사미의 눈빛이 날카롭게 빛났다. 그것은 조금 전까지 보였던 기운 빠진 노인의 눈이 아니었다.

"그런데 마스오는 언제 출발하지?"

사유리는 당황한 기색으로 대답했다.

"오늘 오후 비행기래요. 오빠한테 지금 알리는 게 좋을까요?"

탑승 한 시간 전이니 마스오의 휴대전화로 연락하면 받을 수 있을 것이다. 하지만 우사미는 고개를 가로저었다.

"그런 이야기를 마스오가 믿겠니? 마스오는 지금 아무것도 눈에 보이지 않는 상태야."

"하지만 비행기를 타면 연락할 수 없게 되잖아요."

사유리는 휴대전화를 손에 쥐었다.

"천국과 지옥을 왔다갔다 해봐야, 비로소 진정한 경영자가 될 수 있단다."

우사미는 여유로운 표정으로 굵은 만년필을 들어 편지를 쓰기 시작했다. 때때로 펜을 멈추고는 뇌경색 후유증으로 불편한 왼손을 주물렀다. 얼마 후 편지쓰기를 마치고 사유리에게 그것을 건네주었다.

"이걸 다츠야에게 전해주려무나."

사유리는 편지에 적혀 있는 글자를 읽었다. 거기에는 마스오가 UEPC와의 계약서에 서명할 수도 있으나 반드시 계약을 저지하라

고 되어 있었다. 그리고 마지막 줄에는 어떤 사람의 이름과 전화번
호가 쓰여 있었다.

"내 친구란다. 뒷일은 다츠야에게 맡기자."

그렇게 말하고 우사미는 창밖으로 또렷하게 보이는 오무로 산을
바라보았다.

3부
제이피의 부활

🔑 부활의 열쇠 _ 3월 12일

뜬소문

"모에, 쓸 만한 정보가 들어왔어!"

'마키'에 혼자 찾아온 마다라메는 좋아서 어쩔 줄 모르는 얼굴로 말을 건넸다. 모에가 기뻐하는 모습을 보는 게 마다라메의 제일 큰 낙이었다. 더구나 용돈까지 받을 수 있으니 그야말로 일석이조였다.

"다츠야 그 녀석은 회사 자금운용으로 머리가 터질지경 같은가 봐."

"그게 쓸 만한 정보예요?"

모에는 노골적으로 불만을 드러냈다.

"얘기를 끝까지 들어봐. 4월 말까지 회사 실적이 개선되지 않으면 영국 투자펀드사가 특허권을 가져갈 거야. 반대로 실적이 개선되면 대출금을 주식으로 전환한다는 조건이라더군. 이른바 출자전환(DES, debt-equity swap)이야. 결과가 어떻든 제이피는 그 회사에게 먹힐 운명인 거지."

'제이피가 먹힌다고?'

모에의 표정이 딱딱하게 굳어졌다. 마다라메는 누렇게 변색된 이를 드러내며 히죽거렸다.

"그리고 말이야, 이거야말로 일급비밀인데 사장이 행방불명이래."

"그래요? 일이 재미있게 돌아가네요……."

모에가 중얼거렸다.

제임스의 전화

깊은 밤, 다츠야의 휴대전화가 요란하게 울렸다.

"다츠야? 나, 제임스야."

제임스는 금융위기의 여파로 에든버러 투자회사가 심각한 타격을 받아 구조조정을 단행하게 되었다고 전했다.

"드디어 내 발등에도 불이 떨어졌어. 보스는 네 회사에 빌려준 돈을 빨리 린다의 회사에 넘기라고 난리도 아니야. 린다한테도 지겹도록 전화가 걸려오고 죽을 지경이야. 물론 너하고 한 약속은 꼭 지킬 거야. 하지만 4월 말까지 제이피의 실적이 개선되지 않으면 차압

211

한 지적재산을, 개선된다면 전환주식을 린다의 회사에 양도할 거야. 그 점을 네 보스에게도 잘 말해줘."

다츠야는 그렇게 말하는 제임스의 마음이 어떨지 짐작이 가고도 남았다.

"정말 고맙다. 제임스, 실은 우리 사장님과 연락이 되지 않아. 비서한테 물어보니 뉴욕행 일등석 비행기표를 자랑스럽게 내보였다고 하더군."

"뉴욕엔 일 때문에 가는 건가?"

"항공권을 구입한 기록이 없어. 다른 사람한테 초대받았는지도……."

"혹시……."

"린다일까?"

"린다라면 그러고도 남을 거야……."

뉴욕행 비행기

나리타 공항을 날아오른 지 11시간쯤 지났을 무렵, 다카라베 미치요는 눈을 떴다. 옆자리에는 남편이 고른 숨소리를 내며 여전히 잠들어 있다. 비행기를 탄 후 마스오는 좋아서 입이 귀에 걸렸다. 흠잡을 데 없는 기내 서비스 때문이었다. 프랑스 풀코스 요리에 값비싼 보르도 레드 와인이 곁들여졌고 엄청난 양의 달콤한 디저트가 마지막을 장식했다. 승무원의 태도도 친절하기 이를 데 없었다.

마스오는 어지간히 기뻤는지 미국의 유명 기업의 초대를 받았다며 이 사람 저 사람에게 떠들어댔다. 그런 남편을 보고 있자니 미치요는 점차 불안해졌다.

'이렇게 들떠 있어도 괜찮을까?'

자기도 모르게 그런 생각이 들었다. 20년간의 결혼생활에서 마스오는 다정하고 가정적인 남편이었다. 그런데 시아버지가 갑자기 세상을 뜨고 회사를 이어받은 무렵부터 좀 이상해졌다. 아버지의 중압감에서 해방되어 사장으로 취임했지만, 직원들은 하나같이 마나카 전무의 지시에 따랐다. 그리고 지금은 다츠야의 지시에 따르고 있다. 마스오는 짓밟힌 자존심 때문에 괴로웠는지 툭하면 술을 마시고 미치요에게 화풀이를 하곤 했다.

아내인 자신이 봐도 남편은 사장의 그릇이 아니었다. 그런데 어떻게 세계적인 기업인 UEPC의 초대를 받을 수 있었는지 미치요는 아무리 생각해도 이해할 수 없었다.

'누군가 어떤 속셈이 있어서 우릴 불렀을지도 몰라……'

어린애처럼 곤히 자는 마스오를 보면서 미치요는 그렇게 생각했다.

그로부터 두 시간 뒤, 비행기는 JF케네디 공항에 착륙했다. 기대에 한껏 부푼 마스오와 내심 걱정이 앞서는 미치요는 일등석 전용 통로를 나와 입국수속을 마쳤다.

두 사람은 트렁크를 카트에 싣고 밖으로 나갔다. 공항에는 'Welcome! 마스오&미치요'라고 쓰인 커다란 종이를 들고 알랭 보가드가 웃는 얼굴로 그들을 기다리고 있었다. 알랭은 마치 옛 친구를 만난 듯이 마스오의 손을 꽉 잡았다.

"피곤하시죠? 지금부터 리츠칼튼 호텔로 모시겠습니다. 저녁 8시부터 우리 CEO가 주최하는 환영파티가 열립니다. 그때까지 푹 쉬세요."

알랭은 완벽한 일본어로 오늘 일정을 말했다. 그러자 머리 하나는 큰 남자가 마스오 부부의 트렁크를 가볍게 들어 올리더니 새하얀 캐딜락 리무진에 실었다.

이제부터 꿈같이 황홀한 순간이 시작될 것이다.

심야의 경리부

마리는 얼마 전에 한 다츠야의 설명이 아직도 딱 와 닿지 않았다. 마리는 혼자서 묵묵히 일하고 있는 다츠야에게 질문을 던져보기로 했다.

"예를 들면 어떤 회사의 한 달 매출원가가 1천만 엔이고 월말재고가 1백만 엔이라고 쳐요. 그러면 재고자산회전수는 10회(1천만 엔÷1백만 엔=10)죠. 즉, 한 달 동안 재고가 10번 들락날락한다는 이야기가 되지요. 가령 재고금액을 50만 엔으로 줄이면 재고자산회전수는 20

회(1천만 엔÷50만 엔=20)잖아요? 그만큼 자금 운용효율이 좋아진다고 생각하면 안 되나요?"

그러자 다츠야는 빙그레 웃으며 이렇게 설명했다.

"내가 예전에 마리와 똑같은 질문을 했을 때, 우사미 스승님이 '자네 눈은 카메라인가?' 라고 꾸짖던 게 생각나는군."

"카메라요?"

"나가노 공장을 생각해봐. 거기서 재고는 항상 움직이고 있어. 예를 들면 재무상태표상의 월말 재공품 금액은 원래는 유동적인 재공품을 월말에 카메라로 찍은 거나 마찬가지야. 마리도 잘 알겠지만, 우리 회사는 2주 동안 제품을 생산하고 월중과 월말에 즉 한 달에 두 번, 거래처에 출하하지. 그러니 월말재고가 적을 수밖에 없지. 정지화면인 월말재고 금액만 주시하면 실태를 파악할 수 없어."

"사진이 아니라 동영상이어야 한다는 뜻인가요?"

"그래. 30일분의 재공품 재고금액을 그래프로 나타낸 다음 그걸 쭉 이어봐. 그렇게 이어서 생긴 면적이 공장에 정체된 현금의 크기야."

마리는 간단한 숫자로 바꿔서 그래프를 그려보았다. 일일 작업종료 시의 재공품 재고가 1억 엔이라고 가정하면 공장에는 한 달에 전부 30억 엔어치의 자금이 쌓여있다는 말이 된다. 재공품을 5천만 엔으로 줄일 수 있다면 정체되어 있는 자금은 더 적어질 것이다.

'부장님의 이야기를 이제야 이해하겠어.'

"이제 알겠지? 일찍이 밑천이 얼마 없었던 일본의 자동차회사가 어마어마한 자금을 과시하던 미국의 자동차회사를 이길 수 있었던 것은 자금을 효율적으로 굴리는 일에 집중했기 때문이야. 소량 로트로 제조하고 한 공정의 작업을 마치면 바로 다음 공정으로 넘어가는 거지. 제품이 완성되면 신속하게 판매해서 현금화한다. 마치 라면을 파는 포장마차처럼 말이야."

흥이 난 다츠야는 이야기를 계속했다.

"라면을 파는 포장마차는 그날의 매상을 예상해서 딱 그만큼만 재료를 구입하지. 주문을 받으면 바로바로 라면을 만들어서 주고 그 자리에서 현금을 받아. 신속하게 만들어서 신속하게 대금을 회수하니까 재공품 재고나 제품재고가 없어. 재고는 하루분의 재료뿐이야.

공장도 마찬가지야. 생산로트 크기를 줄이고 생산속도를 올리면 공장에 쌓이는 재공품 재고가 줄어들면서 필요자금도 줄어든다는 말이지."

마리는 다츠야의 이야기를 들으면서 그림을 그려보았다.

세로가 재고금액, 가로가 생산기간이다. 그리고 한 달 동안의 재고금액은 사각형 안의 면적이다. 소규모 로트로 생산을 하면 재고품 재고가 감소하는 동시에 각 공정에 걸리는 시간이 단축되기 때문에 생산기간이 짧아진다. 재고가 반으로 줄어들고 생산 속도가 두 배로 빨라지면서 사각형 면적은 반이 아니라 4분의 1로 축소되었다. 즉 운전자금이 반이 아니라 4분의 1로 줄어드는 것이다.

❖ 재고금액의 면적을 줄이려면?

로트 수를 반으로 줄이면 재공품금액도 반으로 줄어들고 재고로 쌓여 있는 기간도 반으로
줄어든다. 즉, 운전자금이 1/4로 감소한다.

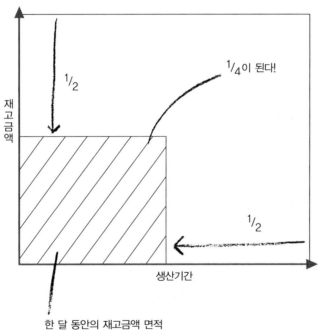

한 달 동안의 재고금액 면적

마리의 목소리가 자기도 모르게 높아졌다.

"이익이 없어도 빚을 갚을 수 있을지도 모르겠네요!"

🔑 함정 _ 3월 13일

꿈같은 하루

꿈같이 황홀한 하루가 지났다. 마스오는 파김치가 된 몸을 욕조에 담그고 오늘 일어난 일을 행복하게 곱씹었다.

캐딜락 리무진은 공항에서 리츠칼튼 호텔로 향했다. 호텔에 도착한 마스오 부부는 UEPC가 마련해놓은 호화로운 스위트룸을 보고 눈이 휘둥그레졌다.

알랭은 두 사람의 흡족한 얼굴을 확인하고 호텔을 떠났다가 두 시간 뒤에 호텔로 다시 왔다. 이번에는 젊은 금발 여자를 데리고 와서 약혼녀인 제인이라고 소개했다. 제인은 유창한 일본어로 미치요에게 이렇게 말했다.

"부인을 만나 뵙게 되어서 영광이에요."

미치요는 점점 더 걱정스러워졌다.

UEPC는 영어가 서툰 사장 부부를 배려한답시고 2개 국어를 하는 커플까지 동석시켰다. 알랭과 제인은 파티가 끝날 때까지 마스오와 미치요 곁을 떠나지 않았다. 즉, 마스오 부부가 하는 모든 말이

UEPC의 귀에 들어갔다는 말이다.

"자, 가실까요? CEO인 마이클을 비롯하여 임원들도 마스오 사장님 내외를 기다리고 있습니다. 오늘의 파티 장소는 마이클의 자택입니다."

알랭은 미소를 띠며 리무진의 문을 열었다.

차는 어퍼 이스트 사이드 68번지의 최고급 주택가로 들어섰다. 차가 저택 앞에서 멈추고 현관문이 열렸다. 실내에서 재즈 선율이 흘러나왔다. 마스오 부부가 안으로 들어가자 새하얀 턱시도를 입은 젊은 남자가 샴페인 잔을 건네주었다. 1960년대 미국을 묘사한 영화 속의 한 장면 같은 광경이었다.

"만나서 반갑습니다. 뉴욕에 잘 오셨습니다."

70세 전후로 보이는 풍채 좋은 남자가 웃음을 가득 띤 얼굴로 마스오를 환영했다.

그 남자가 세계적으로 유명한 UEPC의 회장이자 CEO, 마이클 우즈임을 깨달은 순간, 마스오의 다리가 후들후들 떨리기 시작했다. 샴페인 잔을 쥐고 있는 손도 가늘게 떨렸다. 마이클은 그런 마스오의 어깨를 안으며 쉬운 영어로 천천히 말했다.

"집처럼 편안하게 생각하세요. 여기 있는 모든 사람이 당신과 만나길 고대하고 있습니다. 자, 소개하지요. 우선 제가 최고로 사랑하는 아내, 바바라입니다."

그리고 나서 마이클은 마스오와 미치요를 다른 사람들에게 소개했다. 손님 중에는 UEPC의 임원도 있고 음악가나 양키스 선수도 있었다. 선남선녀가 차례차례 마스오와 미치요 곁에 와서는 두 사람의 차림새와 '능숙한 영어 실력'을 입에 침이 마르도록 칭찬했다.

파티는 밤늦게까지 계속되었다. 시간가는 줄 모르고 요리와 대화를 즐기던 사람들은 재즈밴드의 감미로운 선율이 흘러나오자 하나둘 춤을 추기 시작했다. 마스오는 피로가 몰려왔다. 지칠 줄 모르는 미국인의 체력을 실감하는 순간이었다. 두 사람의 상태를 알아차렸는지 마이클이 마스오에게 이렇게 말했다.

"오늘 파티는 마음에 드셨습니까? 당신과는 처음 만난 사이 같지 않군요. 제 부하직원들도 다들 그렇게 말한답니다. 미스터 다카라베, 아니 마스오, 앞으로 귀사와 파트너 관계를 맺고 싶은데 어떻게 생각하십니까?"

마이클은 마스오의 어깨를 힘차게 안았다.

'파트너'라는 달콤한 말에 취했는지 마스오는 들뜬 목소리로 대답했다.

"기꺼이 협력하지요."

함정에 빠진 순간이었다.

"내일 회사에서 기다리겠습니다. 오늘은 푹 쉬시지요."

마이클은 만면에 웃음을 띠며 마스오와 미치요를 현관 앞에 대기시켜둔 리무진에 태웠다.

제이피 본사

어제 마리와의 대화는 다츠야에게도 깊은 의미를 안겨주었다. 마리에게 설명하는 동안 생산속도를 높이는 게 어떤 의미인지 확실히 깨달았기 때문이다.

생산속도 향상이란 벨트컨베이어나 기계의 속도를 올리는 게 아니다. 제조착수에서 완성까지 걸리는 시간(리드타임)을 단축한다는 뜻이다. 즉, 한 번에 많이 만드는 것이 아니라 소규모 로트로 생산하여 공정이 정체되는 현상을 방지하는 한편, 만들어낸 제품을 전부 판매해 재고가 쌓이지 않게 하는 것이다.

원가계산 책에서는 한 번에 많은 제품을 만드는 편이 제품원가가 적게 들어서 이익이 늘어난다고 되어 있다. 다시 말해 대량생산이 경영상 유리하다는 이론이다.

하지만 이것은 명백히 잘못된 생각이다. 경영에서 중요한 점은 이익이 아니라 현금이기 때문이다.

다츠야는 생산량을 두 배로 끌어올리기로 결정했다. 지금까지는 생산량이 두 배로 늘어나면 운전자금도 두 배로 늘어난다고만 생각하며 이 자금을 어디서 조달할지 골머리를 앓고 있었다. 하지만 다츠야는 생산량을 늘려도 오히려 운전자금을 줄일 수 있다는 것을 깨달았다.

제이피는 히트 상품을 몇 개 가지고 있기 때문에 운전자금이 증가하지 않는 대량 생산이 가능하다면 두 달 후에 실적을 확연히 개선시키는 일도 가능하다고 다츠야는 확신했다.

하지만 이는 '첫 번째 화살'에 지나지 않았다. 다츠야는 '두 번째 화살'을 쏘기 위해 나가노 공장의 가네코에게 곧바로 전화를 걸었다.

"무슨 일이 있어도 이달 말까지 해외생산용 로봇을 다섯 대 완성하세요."

모에와 린다의 만남

모에가 린다와 만나기로 한 곳은 도쿄 역 근처, 어느 빌딩의 20층 호텔 로비였다. 린다와 30분만 만날 수 있게 해달라고 마나카에게 부탁한 것이다. 모에는 소파에 앉아서 린다를 기다렸다. 린다는 약속시간에 맞춰 로비에 나타났다. 로비에 있던 손님들은 패션모델같이 늘씬한 린다에게 시선을 빼앗겼다.

"모에 씨인가요?"

린다가 소파에 앉아 있는 모에에게 말을 건넸다.

"처음 뵙겠어요. 린다 씨죠?"

모에는 자리에서 일어나 가볍게 목례를 했다.

"린다 씨는 제이피의 경영권을 원하신다지요? 또, 단 다츠야 씨에게 복잡한 감정을 품고 계시고……."

린다는 놀란 표정으로 모에에게 말했다.

"모에 씨는 제 예상과는 전혀 다른 분이군요. 돈이 목적인 천박한 사람일 줄 알았는데⋯⋯."

린다는 이야기를 계속했다.

"일전에 마나카 씨를 만났는데, 제이피에 돌아가고 싶어하더군요. 당신도 그와 함께 돌아가고 싶은가요?"

"그런 생각은 꿈에도 없어요."

모에는 불쾌감을 노골적으로 드러내며 대답했다.

"그런가요? 전 마나카 씨에게 이렇게 말했어요. 제이피를 손에넣으면 당신을 사장으로 만들어주겠다. 하지만 그때에는 내 소원도들어달라고 말이죠."

"소원이요? 그게 뭔가요?"

"인간쓰레기인 다츠야를 빈털터리로 회사에서 추방하는 거죠."

린다의 아름다운 얼굴이 순식간에 일그러졌다.

모에는 린다가 왜 그토록 다츠야를 증오하는지 흥미가 생겼다.

"다츠야 씨가 싫으신가요?"

"그 사람을 싫어하냐고요? 아뇨. 지금도 정말 좋아해요. 그래서더욱 용서할 수 없어요."

린다는 창밖에 펼쳐진 풍경을 바라보며 이야기를 계속했다.

"모에 씨, 제 꿈은 아시아의 금융권을 지배하는 거였어요. 그래서하버드가 아니라 싱가포르 대학원을 택했죠. 그런데 그 학교에는저보다 훨씬 우수한 사람이 있었어요. 그가 바로 다츠야예요. 우리는 날마다 상하이와 도쿄, 싱가포르를 하나로 연결한 금융 네트워

크를 구축하자는 이야기를 나누었죠."

린다는 눈을 반짝거렸다.

"난, 베이징 대학에서 최우수상을 받았어요. 미스 중국에 뽑힌 적
도 있고요. 내가 원하는 건 한 번도 놓친 적이 없어요. 모든 남자들
이 내 소망을 들어주려고 안달했죠."

"하지만 다츠야 씨를 만나고 나서 인생이 변했군요."

"인정하고 싶지 않지만, 그 말이 맞아요."

린다는 살짝 입꼬리를 올렸다.

"나와 다츠야가 콤비가 되면 어떤 꿈이라도 이룰 수 있을 거라고
생각했어요. 그런데 그는 우사미인지 뭔지 하는 노인에게 속아넘어
가 이름도 없는 일본의 소기업에 취직했어요. 기가 막혔죠. 처음으
로 마음을 열었던 남자가 날 배신하고 가버리다니……."

린다는 입술을 깨물었다.

"싱가포르 대학을 졸업하고 나서 난, 뉴욕에 본사가 있는 세계최고
의 전자부품 제조사에 들어갔어요. 원래는 금융 분야에 들어가고 싶
었지만, 다츠야가 푹 빠진 세상이 어떤 건지 알고 싶었거든요. 그런데
어느 날 투자은행으로 파견을 가지 않겠느냐는 제안이 들어왔죠. 목
적은 제이피를 손에 넣는 것. 당연히 그 자리에서 승낙했답니다."

"그 회사가 투자펀드사인 마인슬리로군요."

"모에 씨는 머리가 좋군요."

린다는 모에에게 처음으로 환하게 웃는 얼굴을 보였다.

224

"제조사는 싫어하시나요?"

"절대 그렇지 않아요. 정말 변화무쌍한 세계더군요. UEPC라는 회사에서 일했는데 그때 제이피라는 회사를 알게 되었죠. 제이피는 세계의 수많은 회사가 원하는 지적재산을 보유하고 있어요. 하지만 경영자는 그 가치를 몰라보고 엉뚱한 데에 투자를 하고 있더군요.

그런데 놀랍게도 제이피에 다츠야가 있지 뭐예요. 그 회사에 대해 조사하는 동안 많은 사실을 알게 되었어요. 다츠야는 병약한 오너를 구슬려서 평사원인 호소야 마리를 과장으로 끌어올리고 마나카나 당신들을 쫓아내어 눈 깜짝할 사이에 CFO의 자리를 차지했더군요.

다츠야는 싱가포르 시절에 언제나 사랑이니 진심이니 듣기 좋은 말을 늘어놓았어요. 그러다가 마지막에는 다른 사람을 돕고 싶다는 핑계로 나를 놓아두고 일본으로 돌아갔죠. 이상하다고 생각했어요. 그는 대학원 수석을 차지한 사람이에요. 그 어떤 회사라도 연 수입 40만 달러는 받을 수 있을 텐데 고작 4만 달러의 회사에 취직하다니. 하지만 이제야 그 이유를 알겠어요. 다츠야의 속셈은 우사미와 짜고 제이피를 자기 것으로 만들려는 것이었어요. 절대 용서할 수 없어요.

그때 난 마인슬리에 파견되었어요. UEPC의 CEO인 마이클과 마인슬리의 CEO인 로버트 그레이엄은 절친한 사이예요. 두 사람이 의논해서 나를 일본 지사장으로 보내기로 했답니다.

제이피는 가족경영이어서 여간해선 타인이 주식의 과반수를 점유할 수 없지요. 그래서 이 방법을 택한 거예요. 간토비즈니스은행이 갖고 있는 제이피의 채권을 매수해서 차입금 대신 지적재산을 차압하기로 말이죠. 하지만 생각처럼 쉽진 않더군요."

"마스오 사장이 뉴욕에 있는 UEPC 본사에 초대되었다는 소문을 들었어요. 이 시나리오를 쓴 것도 린다 씨, 당신인가요?"

린다는 고개를 끄덕였다.

"이제야 마스오와 다츠야를 떼놓는 데 성공했어요. 지금쯤 마스오는 개미지옥 같은 계약서에 서명을 하고 있을 거예요. 이로서 제이피는 UEPC의 소유나 다름없어요."

"그런가요……? 그래서 만약 제이피를 소유한다면 당신은 마나카를 사장으로 앉힐 생각인가요?"

린다는 그 물음에 대답하는 대신 모에에게 질문을 던졌다.

"모에 씨, 당신은 마나카가 사장이 되길 바라나요?"

"마나카는 제이피에서 착복한 돈을 아직 숨겨두고 있을 거예요. 그 돈을 전부 토해내도록 하기 위해서라면 그를 사장으로 만드는 일에 찬성입니다."

모에는 미소를 띠며 거침없이 대답했다.

뉴욕 UEPC사

"굿모닝, 마스오."

마스오가 궁궐같이 넓은 CEO실에 들어가자 마이클이 솥뚜껑같이 커다란 손으로 마스오의 손을 꽉 잡았다.

"어제는 푹 쉬셨나요?"

"덕분에 잘 잤습니다. 어젯밤은 제 인생에서 최고의 시간이었습니다."

마스오는 떠듬거리는 서툰 영어로 감사를 표했다.

"별말씀을. 그렇게 말할 사람은 저입니다."

마이클은 마스오의 어깨를 감싸며 곁에 서 있는 노인을 소개했다.

"이분은 사외이사인 키스 잭슨 변호사입니다."

키스는 형식적인 미소도 보이지 않고 마스오를 위협하는 듯이 날카로운 눈으로 쏘아보았다.

세 사람은 테이블 의자에 앉았다.

"그럼 시작할까요?"

마이클이 입을 연 찰나, 키스의 휴대전화 벨소리가 요란하게 울려 퍼졌다.

"잠깐 실례하겠습니다."

그렇게 말하며 키스는 통화버튼을 눌렀다. 수화기 너머로 간간이 일본어가 들렸다. 키스는 낮은 목소리로 "그런 사람은 모르는데요."라고 말한 다음 전화를 끊었다.

"귀사와 우리 회사가 향후 서로 존중하고 협력하는 관계가 되기를 바랍니다. 이게 그 내용이 담긴 계약서입니다. 마음에 걸리는 부분이 있으면 말씀해주시죠. 바로 수정할 테니까요."

마스오는 책상 위에 놓인 '계약서'를 읽어보았다. 하지만 어려운 단어와 난해한 문장이 툭툭 튀어나와서 정확한 내용을 파악하기 힘들었다. 계약서에는 제이피 제품(로봇도 포함)의 독점판매권을 UEPC에게 부여한다고 쓰여 있었다.

'이런 서류에 서명해도 괜찮은 걸까?'

마스오는 걱정스러웠다.

"저어, 일본에 돌아가서 검토하고 싶습니다만……."

마스오가 이렇게 대답하자 마이클은 어이가 없다는 표정으로 밀어붙였다.

"당신은 CEO가 아닌가요? 모든 이사가 '노'를 표명해도 당신만 '예스'라고 하면 뭐든 결정할 수 있을 텐데요. 즉, 당신은 제이피에선 절대적인 권한을 갖고 있다는 말입니다. 그런데 왜 일본에 계약서를 가지고 가야 하지요? 우리 같은 미국인 CEO로서는 생각할 수도 없는 일이군요."

마스오도 그 말이 맞다고 생각했다. 더구나 단 다츠야에게 임원 회의에서 발언권을 주지 않기로 한만큼 그 누구도 자신에게 반기를 들지 못할 것이다. 하지만…… 이래도 되는 것일까? 불안감이 마스오를 덮쳤다. 두 사람의 시선을 느끼면서 마스오가 굵은 독일제 만년필을 안주머니에서 꺼내려 했을 때였다. 또 다른 안주머니에서 휴대전화가 진동하기 시작했다. 동생인 사유리였다.

"잠깐만요."

마스오는 통화버튼을 눌렀다.

"여보세요. 오빠? 방금, 어머니가……."

"어머니가 왜?"

"심장발작으로…… 중환자실에……."

마스오는 만년필을 쥔 채 인사 한마디 제대로 못하고 도망치듯 CEO실에서 나왔다. 전속력으로 빌딩을 빠져나와 택시를 잡고 호텔 명을 댔다. 택시에 앉자마자 몸이 떨리기 시작했다. 택시운전사는 백미러를 힐끔힐끔 쳐다보며 "불편하신 곳은 없으세요?"라고 연신 확인했다. 택시는 10분 만에 호텔에 도착했다. 마스오는 떨리는 손으로 20달러짜리 지폐를 운전사에게 건네고는 잔돈도 받지 않고 호텔로 뛰어갔다.

"당신, 어쩐 일이에요?"

그렇게 들떠서 아침 일찍 나간 남편이 두 시간도 안 되어 호텔에 돌아온 것을 보고 미치요는 무슨 일이 일어났는지 걱정이 되었다.

"어머니가…… 병원으로 옮겨졌대……. 가망이 없을지도 모른다고 사유리가 전화를 했어. 벌써 두 번째니까 말이야."

놀랍게도 마스오의 얼굴에서는 억제된 슬픔이 아닌 안도감이 배어났다. 아무래도 서둘러 돌아온 이유는 따로 있다고 미치요는 생각했다.

"UEPC와의 이야기는 잘 되었나요?"

"하마터면 속아넘어갈 뻔했지 뭐야."

"그게 무슨 말이에요?"

"잠깐만 기다려."

마스오는 소파에 깊숙이 앉더니 눈을 감았다.

한참이 지나자 마음이 진정되었는지 마스오는 UEPC에서 일어난 일을 이야기했다.

"처음엔 마이클이 환한 얼굴로 나를 맞이했어. 그의 옆에는 키스 잭슨이라는 인상이 안 좋은 변호사이자 사외이사가 있었지. 그랬는데 키스에게 전화가 걸려왔어. 내용은 잘 들리지 않았지만, 다츠야나 우사미라는 말을 똑똑히 들었지.

그는 '그런 사람은 모른다'고 언성을 높이더니 전화를 끊었어. 중요한 회의를 하는 중인데 전화를 받다니 이상하다고 생각했지. 책상 위에는 계약서가 놓여 있었고 마이클이 서명하라고 재촉하던 차였는데 말이야.

정확한 내용을 알 순 없지만 제이피 제품의 독점판매권을 UEPC에게 부여하고 만약 위반하면 손해배상을 해야 한다고 적혀 있었어. 말도 안 되는 내용이지. 그 밖에도 이런저런 사항이 쓰여 있었는데 그건 잘 모르겠어. 이건 개미지옥이라고 깨달은 순간, 갑자기 무서워졌어. 어떻게 할지 몰라 망설이던 참에 사유리로부터 전화가 걸려왔어. 그래서 도망친 거야. 체면을 차릴 때가 아니었으니까 말이야. 마이클도 키스도 나를 진짜 얼빠진 놈이라고 생각했을 거야."

그렇게 말하며 마스오는 허탈한 표정을 지었다.

꿈처럼 황홀했던 환영식은 함정이었던 것이다.

"아니요, 정말 잘한 일이에요."

미치요는 마스오를 칭찬하며 자랑스러운 시선으로 남편을 보았다.

제이피 경리부

다츠야는 우사미가 가르쳐준 대로 키스에게 전화했지만 깨끗이 무시당한 일로 화가 머리끝까지 났다. 토요일인데도 다츠야는 마리를 불러내 불평불만을 쏟아냈다.

"우사미 스승님의 명성도 이젠 땅에 떨어졌나 봐. 키스라는 변호사 나부랭이, 무슨 말을 해도 도통 듣질 않는 거야."

다츠야는 이렇게 내뱉었다.

"하지만 전화는 받았잖아요. 미국의 사외이사는 일본과 달리 어느 정도 권한이 있다고 들었어요. 그렇게 높은 사람이 전화를 받았다는 건 우사미 선생님 잘못은 아닌 것 같은데요……."

"그럼 내 잘못이란 말이야?"

그날따라 감정적인 다츠야는 분이 풀리지 않는지 다시 한 번 키스에게 연락해보겠다며 전화기 버튼을 눌렀다. 도쿄는 지금 낮 열두 시니까 뉴욕은 밤 10시다. 상대방 사정도 아랑곳없이 다츠야는 키스가 전화를 받을 때까지 끈질기게 기다렸다.

"여보세요, 키스 잭슨입니다."

일전에 들었던 나지막한 목소리가 들려왔다.

"다츠야라고 합니다."

"아, 어제도 전화한 다츠야인가. 우사미로부터 이야긴 들었네."

어제와는 전혀 다른 태도에 다츠야는 내심 놀랐다.

"키스 씨, 왜 우사미 스승님과 저를 모른다고 말하고 일방적으로 전화를 끊으신 거죠?"

"당연하지 않은가? 중요한 회의 중에 왜 자네 같은 애송이의 충고를 들어야 하나?"

"전 제이피의 실질적인 리더입니다. 제가 없으면 제이피는 예전에 망했을 겁니다. 그러니까 키스 씨는 리더인 제 의견을 들어야 했어요."

다츠야는 치밀어 오르는 분노를 가까스로 누르며 이야기했다. 하지만 그 말에 돋친 가시까지 숨길 순 없었다.

"자네는 자신을 리더라고 했지? 그럼 하나 물어보지. 리더란 대체 뭔가?"

키스의 낮은 목소리가 다츠야의 심장을 정통으로 찔렀다.

"리더란, 회사의 목표를 설정하고 우선순위를 정해서 추진하는 자입니다."

"똑똑하긴 한 것 같군. 우사미한테 배웠겠지. 하지만 자네는 리더와 회사의 지배자를 혼동하고 있어."

232

'지배자……'

"자네는 고상한 말을 늘어놓고 있지만, 사실은 제이피의 지배자가 되고 싶은 게 자네의 본심이야."

"지배자라니 그게 무슨……."

절대 아니라고 하면 그건 거짓말이다. 다츠야는 뒷말을 잇지 못했다.

"다츠야 군, 무책임한 인간이 리더가 될 수 있을까?"

키스가 물었다.

"불가능합니다. 리더십이란 자신의 실패를 다른 사람 탓으로 돌리지 않는 것입니다."

다츠야는 단언했다.

"좋은 대답이야. 명문 싱가포르 대학에서 최우수상을 받을 만해. 하지만 자네는 리더로서 정말로 책임을 지고 있다고 말할 수 있을까? 자네는 사장인 마스오를 냉대했어. 리더십은 지위도 아니고 특권도 아니야. 귀찮은 인간을 배제하는 건 더더욱 아니지. 자네가 진실한 리더라면 마스오를 소외시키지 말았어야 했어."

키스는 다츠야가 싱가포르 대학에 유학했던 것도, 마스오가 고립되어 있다는 것도 알고 있었다.

"또 하나 중요한 게 있네. 리더의 조건은 신뢰를 얻을 수 있는가라네. 남에게 신뢰받는 것과 남에게 호감 받는 것은 같은 의미가 아니야. 말에 일관성이 있고 그것이 리더의 진심이라고 부하들이 믿는가 하는 것이야. 아무래도 자네는 제이피에서 그다지 신뢰를 얻지 못하는 모양이야."

그렇게 말하고 키스는 소리내어 웃었다.

"제이피의 사정을 어떻게 그렇게 잘 알고 계시죠?"

그 질문을 무시하듯이 키스는 사정없이 말을 이었다.

"자네는 진정한 리더가 아니야. 그러니까 자네를 달가워하지 않는 인간이 점점 늘고 있는 거야. 그들의 목소리는 날이 갈수록 커져서 결국 태평양을 건너 미대륙을 횡단했네. 자네가 가장 아끼는 부하도 지금은 자네로부터 마음이 떠난 게 아닐까?"

키스는 거침없이 다츠야를 공격했다. 다츠야의 귓가에 우사미의 목소리가 들려왔다.

'다츠야, 또 같은 실수를 되풀이하고 있구나.'

다츠야는 키스에게 한 가지 궁금한 점이 있었다. 그토록 중요한 회의인데 키스는 어째서 자신의 전화를 받았는지 궁금했다.

"마스오 앞에서 전화를 받아달라는 우사미의 부탁이 있었기 때문이지. 그렇게 멍청한 사장이라도 뭔가 느끼는 게 있을 거라고 하더군. 그 뒤 마스오는 얼빠진 척하고 줄행랑쳤어. 우사미의 생각대로 일이 돌아간 거야."

다츠야는 파랗게 질린 얼굴로 수화기를 귀에 댄 채 말을 잃었다. 그런 다츠야를 마리는 걱정스러운 눈빛으로 쳐다보았다.

"키스인지 뭔지 하는 변호사, 웃기는 사람이야."

다츠야는 분이 풀리지 않았다.

"난 제이피를 가로챌 생각은 추호도 없어. 이 회사가 무너지는 걸 차마 볼 수가 없어서 열심히 노력하고 있는데 뭐라는 거야!"

'그래도 그렇지 어떻게 된 거지?'

다츠야는 두 가지가 마음에 걸렸다. 하나는 존경하는 스승님이 어째서 저렇게 무례한 남자와 절친한 사이인지, 그리고 또 하나는 키스가 다츠야에 대해 너무 잘 알고 있다는 것이다.

"우사미 선생님의 친구라고 하던가요?"

마리가 물었다.

"'자네는 진정한 리더가 아니야. 그저 제이피의 지배자가 되고 싶을 뿐이야. 그러니까 자네를 달가워하지 않는 인간이 늘어나고 있는 거야'라고 지껄이더군. 생각만 해도 열 받네."

다츠야는 자신이 절대 틀리지 않았다고 내뱉었다. 하지만 마리는 다츠야를 물끄러미 쳐다보기만 할 뿐 동조하진 않았다.

"우리 회사의 누군가가 UEPC에게 정보를 흘리고 있어. 그것도 엉터리 정보를."

"부장님, 화내지 말고 들으세요."

갑자기 마리가 진지한 얼굴로 이야기하기 시작했다.

"누가 제이피의 정보를 흘리고 있는진 모르겠어요. 하지만 부장님을 달가워하지 않는 사람들이 늘어나고 있는 건 사실이에요."

그때 다츠야의 머리에 키스가 한 다음 말이 떠올랐다.

'자네가 가장 아끼는 부하도 지금은 자네로부터 마음이 떠난 게 아닐까?'

귀국

마스오는 한숨도 잠을 이루지 못했다. 뉴욕을 향할 때는 그렇게 감탄했던 일등석을 봐도 무덤덤하기만 했다. 끝없이 나오는 호화로운 식사도 값비싼 프랑스산 와인도 맛을 느낄 수가 없었다. 뭐라 형용할 수 없는 허무함에 짓눌릴 듯한 기분으로 마스오는 긴 비행시간을 견뎌야 했다.

마스오의 뇌리에 오만가지 생각이 맴돌았다. 어머니, 회사, 열등감에 시달려온 자신의 인생……. 앞으로 어떻게 살아야 할 것인가. 자신이 사장의 그릇이 아니라는 것은 누구보다 잘 알고 있었다. 다만, 아버지의 기대를 저버리지 않겠다는 일념으로 살아왔다.

그래서 항상 자신을 도와줄 사람이 필요했다. 아버지, 미사와, 마나카, 그리고 단 다츠야. 미국 출장을 가기 직전, 마스오는 다츠야를 공공연하게 비난했다. 회사가 자기 것인 양 행동하는 다츠야를 도저히 그냥 보고 있을 수 없었다.

엄밀히 말하자면 다츠야만 거북한 게 아니었다. 미사와도 거북하긴 마찬가지였다. 그들은 애당초 마스오를 내려다보고 있었다. 마스오는 사람들 앞에서 다츠야를 모욕함으로써 여태까지의 비참한

236

자신과 결별하고 싶었다.

하지만 되돌아보니 마나카만은 달랐다. 사촌인 마나카는 어릴 적부터 친형 같은 존재였고 인생의 롤모델이었다. 다츠야가 나타나기 전까지만 해도 마나카는 자신에게 좋은 참모였다.

'다츠야가 제이피를 엉망으로 만들었어……'

마스오는 결심했다. 단 다츠야를 제이피에서 쫓아내기로, 그리고 마나카를 다시 부르기로 말이다.

중환자실

비행기는 정각에 나리타 공항에 도착했다. 입국수속을 마치고 마스오는 사유리에게 전화를 했다. 하지만 아무리 시도해도 통화가 되지 않았다.

마스오는 공항에 주차해둔 승용차에 미치요를 태우고 병원으로 향했다.

병원에 도착하자마자 마스오는 무균복으로 갈아입고 중환자실로 들어갔다. 그곳에는 어머니가 각종 튜브를 꽂고 침대에 누워있었고, 사유리가 후미의 손을 꼭 잡고 있었다.

"어머니는……."

사유리는 마스오를 보고 안도의 표정을 지었다.

"선생님이 오늘 밤만 넘기면 괜찮다고 했어."

"그래……"

마스오의 몸에서 힘이 빠져나갔다.

"어머니, 걱정했잖아요."

마스오는 후미의 오른손을 잡았다.

"회사엔 연락했니?"

"오빠와 먼저 의논하려고 아직 안 했어."

"알았다."

그렇게 말하고 마스오는 중환자실을 나갔다.

🔑 부활 _ 4월 30일

나가노 공장

"로봇 설치 건으로 모레부터 일주일 정도 쿠알라룸푸르에 다녀오겠습니다."

가네코는 함박웃음을 지으며 미사와에게 보고했다.

"자네는 참 대단해. 나가노 공장의 병목현상 원인인 검사공정도 로봇으로 처리할 수 있게 되었고, 이렇게 수출용 로봇도 제작해서 다츠야 부장의 생각을 현실로 만들다니 말이야."

미사와가 그렇게 말할 만했다. 생산량은 이전의 배 이상으로 올랐다. 병목현상을 제거하고 제조 로트를 소량화해서 완전주문생산

체제로 바꾼 결과, 재고유통에 속도가 붙으면서 재고금액은 절반 이하로 줄어들었다. 지금 나가노 공장에서는 네 개 라인을 가동하고 있으며 전부 흑자다. 판매와 이익, 영업활동 현금흐름은 늘어난 반면 운전자금은 감소했다. 다츠야의 예상대로 제이피는 좋은 방향으로 나아가고 있었다.

"다 자네 덕분이야."

미사와가 가네코를 독려하자 그는 고개를 저으며 대답했다.

"저는 그저 다츠야 부장님의 지시대로 움직였을 뿐이지요."

"그렇지 않아. 예전에 우사미 선생님이 이렇게 말했네. '회사를 살리는 열쇠는 이노베이션'이라고. 자네가 있기 때문에 이노베이션이 실현된 거야. 물론 다츠야 부장은 유능한 인재지. 하지만 무작정 밀어붙인다고 사람들이 따라오는 게 아닌데 그는 아직 그걸 몰라. 예전엔 더 겸손했는데……."

미사와의 말에 동의한다는 듯 가네코는 불쑥 이렇게 말했다.

"그러고 보면 마리 과장마저도 '부장님은 변했다'고 했어요."

제이피 경리부

드디어 때가 되었다.

런던에 있는 제임스가 다츠야에게 전화로 "반년 전에 맺은 계약을 이행하라"고 요구한 것이다.

계약서의 내용은 다음과 같았다.

3개월 연속으로 영업이익과 잉여현금흐름이 흑자가 된 시점에서 대출금을 주식과 교환한다. 에든버러 투자회사가 양도받을 주식은 제이피의 발행 후 주식총수의 49%로 한다. 해당 출자전환(DES, debt-equity swap)은 제이피로부터 세 번째 결산보고를 받은 달의 말일에 실행한다.

"제이피의 실적이 개선되었으니까 출자전환은 아무런 문제 없을 거야."

제임스가 이렇게 말했다.

다시 말하면 이런 의미다.

일반적으로 출자전환은 회사의 재무상태가 좋지 않을 경우에 시행되기 때문에 채권(대출금)은 액면가 이하로 평가된다.

그래서 신주발행가액을 회사의 재무상태를 반영한 채권의 시가로 평가해야 할지 아니면 평가를 내리기 전의 액면가를 기준으로 해야 할지 견해가 둘로 나뉘기 마련이다.

문제는 전자를 택할 경우다. 출자전환을 실행하면 채권시가와 액면가 상당의 채무(주식)를 교환한 결과, 채무자 측인 회사는 재무제표에 그 차액을 '채무면제이익'으로 계상해야 한다.

예를 들면 10억 엔의 대출금 시가가 1억 엔일 경우, 시가 1억 엔의 채권과 10억 엔의 채무(주식)를 교환함으로써, 차액인 9억 엔이

❖ '출자전환' 이란?

출자전환(DES, debt-equity swap)
경영위기에 처한 기업에 대한 대출금을 주식으로 교환하는 거래

① 에든버러 투자회사가 제이피에게 대출을 한다.
② 제이피의 영업이익과 잉여현금흐름이 흑자로 돌아선다.
③ 에든버러 투자회사의 대출금을 제이피의 주식(발행후 주식총액의 49%)과 교환한다.

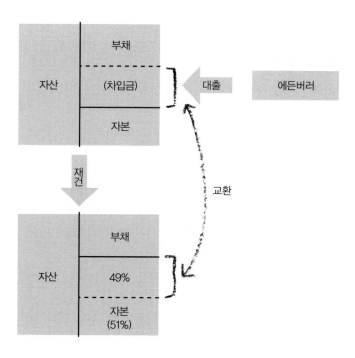

채무자의 채무면제이익이 된다. 즉, 자금이 없는 회사에게 납세의무가 지워지는 것이다.

이것은 채무자인 회사와 그 채권자의 본래 의도에 부합되지 않는 처리다. 한편 후자를 택하면 당사자의 의사를 회계처리에 반영할 수 있다.

그러나 제이피의 실적이 회복된 지금은 대출금을 상환하지 못할 가능성은 별로 없다. 어느 쪽을 택해도 결과는 같다는 소리다.

"오늘 공문을 발송했어."

"수고했어. 임원들에게 다시 한번 전해둘게."

뉴욕 마인슬리 본사

미국 투자펀드사인 마인슬리의 CEO, 로버트 그레이엄은 린다에게 인정사정없이 퍼부었다.

"대체 언제까지 기다리게 할 참인가?"

린다는 묵묵히 그레이엄의 질책을 받아들였다. 앞으로 한 걸음만 더 가면 제이피를 손에 넣을 수 있다. 이 일을 성공시키는 것만이 자존심을 지키는 길임을 잘 알고 있는 린다는 그레이엄의 분노가 잦아들기만을 기다렸다.

"미스터 그레이엄, 조금만 더 기다려주세요."

그레이엄도 이제 와서 이 안건에서 손을 뗄 수는 없다. 린다를 해고해봤자 그리 쉽게 대체 인력을 찾아낼 수도 없을 것이다. 그레이엄이 놓인 입장을 린다도 잘 알고 있었다.

"좋아. 이달 말까지만 기다려보지. 하지만 이번에 잘못되면 그 즉시 자네는 해고야. 그러면 자네는 뉴욕에 발도 못 붙이게 될 거야."

그레이엄은 그렇게 말하고 린다를 방에서 내보냈다.

마인슬리 도쿄 지사

그로부터 이틀 후, 한밤중에 마인슬리 도쿄 지사의 전화기가 울렸다. 본사로 보낼 보고서를 지금 막 완성한 린다는 수화기를 들었다.

"린다? 나 제임스야."

"어쩐 일이야? 도쿄는 지금 밤 12시야."

린다는 제임스의 목소리에서 초조함이 배어 나오는 것을 느꼈다.

"제이피의 주식을 팔고 싶어."

그것은 린다가 꿈에도 바라던 요청이었다.

"얼마에?"

"100억 엔."

"지금 농담하는 거야? 제임스가 투자한 금액은 30억 엔이야. 그렇게 남겨 먹으려고? 50억 엔이면 바로 대답할 수 있어."

린다는 세게 나갔다. 50억 엔에 사도 UEPC에는 100억 엔에 전매할 수 있으니 50억 엔이란 이익이 남는다.

"잠깐 기다려줘. 생각해보지."

제임스는 이렇게 말하고 전화를 끊었다.

30분 뒤, 린다의 사무실에 다시 전화가 울렸다.

"린다, 그 가격으로 하지. 그런데 주식양도를 하려면 주주총회의 승인이 필요해. 그건 알고 있겠지?"

"물론이야. 벌써 손을 써놨어."

린다는 생각대로 일이 굴러간다며 내심 쾌재를 불렀다.

🔑 유언 _ 5월 6일

우사미의 별장

"후미 씨가 세상을 뜨다니……."

우사미는 사유리의 연락을 받고 말을 잃었다. 중환자실에서 일반 병실로 옮긴 지 한 달 만에 후미는 숨을 거두었다.

"마음고생이 명을 단축 시킨 게야."

우사미는 불쑥 그렇게 중얼거렸다.

"어머니는 오빠와 회사 일로 심려가 크셨어요. 하지만 선생님과 이야기하고 나서는 한층 마음이 가벼워졌다고 하셨어요. 정말 고맙습니다."

가까스로 슬픔을 억누르고 있는 사유리의 마음이 수화기를 통해 생생하게 전달되었다.

"그날의 전화가 마지막이 되었구나."

우사미는 일주일 전을 떠올렸다.

뇌경색으로 쓰러진 이래 우사미는 이즈의 별장에서 칩거하고 있었다. 그런데 일주일 전, 전화가 왔다. 별장 전화번호는 일부 지인에게만 알렸기 때문에 걸려오는 일이 거의 없었다. 수화기 너머로 여자의 끊어질 듯한 목소리가 들려왔다.

"우사미 선생님이신가요? 전 다카라베 후미예요."

전혀 예상치 못한 일이었다.

후미는 갑작스럽게 연락해서 죄송하다고 한 다음 요즘 들어 몸 상태가 악화되었다는 사실을 전했다.

"좋아지실 겁니다. 걱정마세요."

우사미가 후미의 기운을 북돋아주자 후미는 "아뇨, 여태까지와는 어딘지 좀 달라요."라고 말했다. 뭐라 말 할 수 없는 나른함과 고통에 시달리고 식욕이 거의 없다고도 했다. 이 모든 것이 반년 전과 확연히 다르다는 것이다.

"유언장을 써야겠어요. 그래서……."

유언장을 쓰기에 앞서 제이피의 주식을 누구에게 양도할지 망설이고 있다고 후미는 이야기했다.

"마스오는 다카라베가의 후계자이고 제이피의 사장이지요. 그러니 제 아들에게 모든 주식을 양도해야 마땅하겠지만 마스오가 사장의 그릇이 아니라는 걸 저도 잘 알고 있답니다. 지금 그 회사를 지탱하고 있는 사람은 미사와 씨와 다츠야 씨지요."

후미는 이야기하는 중간 중간 마른기침을 했다.

"마스오가 경영 일선에 나선다면 제이피는 얼마 안 가 벽에 부딪히겠지요. 요즘의 마스오를 보고 확신하게 되었어요. 그렇게 된다면 직원들은 어떻게 될까요.

하지만…… 마스오는 제 아들이에요. 아무리 못나도 제게는 더할 나위 없이 소중한 아이입니다. 할 수만 있다면 앞으로도 제이피의 사장으로서 회사를 꾸려나갔으면 좋겠어요."

그것이 후미의 솔직한 소망이라고 우사미는 생각했다.

"만약 제이피의 주식 일부를 마스오 외에 다른 누군가에게 상속한다면 제 소망을 이룰 수 있을까 싶어서 전화드렸어요……."

우사미가 후미와의 마지막 대화를 떠올리고 있는데 사유리가 이렇게 말했다.

"고별식(조문객들과 함께 고인과 작별의 예를 행하는 의식)날에 변호사 선생님이 입회해서 유언장을 개봉할 예정이에요. 번거로우시겠지만, 차를 준비할 테니 도쿄까지 와주실 수 있을까요?"

"별소리를 다 하는구나. 어머니의 청을 내가 거절할 리가 있겠니?"

전화를 끊고 우사미는 혼잣말을 했다.

'이게 내 마지막 일이 되겠구나.'

마나카의 집

마나카의 휴대전화가 요란하게 울렸다. 마스오였다.

"그래? 너도 힘들었겠구나. 하지만 지금이 중요한 때야. 뒤에서 나마 널 응원하마."

마나카는 조용조용히 마스오를 격려했다.

하지만 말과는 달리 이 비보를 듣고도 마나카의 입가에서는 웃음이 삐져나오고 있었다.

"형한테는 정말 미안했어요."

뜻밖의 말이 돌아왔다. 마스오는 다츠야와 함께 마나카를 추방한 것을 사과한 뒤 "다츠야를 우리 회사에 들여놓은 게 잘못이었어요."라고 덧붙였다. 그리고 나서 실컷 다츠야를 비난했다.

자신과 어머니의 신용, 그리고 다카라베가의 재산 덕분에 제이피가 살아남은 거라는 생각이 마스오의 말 한마디 한마디에서 배어 나왔다. 다츠야가 한 게 뭐가 있냐는 말도 잊지 않았다.

마나카는 기분 나쁜 웃음을 지었다. 이제야 그가 원하는 방향으로 일이 굴러가기 시작한 것이다.

"마스오, 네 말이 맞아. 내가 원래 자기 자랑을 잘 못해서 잠자코 있었지만 난 너와 제이피를 지켜주고 싶었어. 그러기 위해선 나쁜 놈이 되는 것도 마다하지 않았지."

"그랬군요."

"난 말이지, 네가 그걸 알아줘서 정말 기쁘다. 이제 응어리가 다

풀렸어."

마나카는 마스오에게 '형' 같은 어조로 다정하게 말했다.

마스오와 이야기를 하면서 마나카는 머리를 굴렸다. 장례식에 참석하라는 용건이라면 굳이 마스오가 직접 전화할 필요가 없었다. 여전히 두 사람은 어색한 관계였으니까 말이다. 그럼에도 마스오는 직접 전화를 걸었다. 마나카는 자신이 제이피에 돌아와 주기를 바라는 마스오의 생각을 읽었다.

마나카는 주식의 소유비율을 머릿속에 그려봤다. 최대주주인 후미의 주식은 전체주식의 60%, 그다음이 마나카의 25%, 그리고 마스오가 10%, 나머지 5%가 직원들의 우리사주다. 후미가 소유한 주식은 전부 마스오가 상속할 것이다. 그렇게 되면 제이피주식의 70%를 차지하는 마스오가 실질적인 오너가 된다. 마스오가 후미라는 든든한 뒷배가 없어진 다츠야를 쫓아내는 것은 시간문제였다.

마나카는 모에에게서 제이피의 실적이 개선되었다는 정보를 들었다. 그게 다츠야의 공적인 것은 말할 것도 없었다.

마스오는 다츠야를 해고하려고 하지만 그는 제이피의 기둥 역할을 할 능력이 없었다. 마스오 스스로도 그 점을 자각하고 있을 것이다. 그래서 마스오가 자신에게 전화를 걸어온 거라고 마나카는 확신했다.

마나카는 나이를 먹어도 변함없이 한심스러운 마스오가 한편으로는 불쌍했다. 그게 마스오의 매력이기도 하지만 경영자로서는 실격이었다.

'이제야 내 바람이 이루어지겠군.'

마나카는 제이피를 빼앗아 마다라메와 모에를 불러들이고 간토 비즈니스은행의 사코타 도움을 받을 수 있을 거라고 상상했다.

마나카는 두근거리는 가슴을 안고 앞으로 어떻게 할 것인지 생각하기 시작했다.

병원

병원에 도착한 마나카는 마스오를 보자마자 부리나케 뛰어가 그의 두 손을 잡았다.

"마스오, 이게 웬일이냐. 하지만 사람은 누구나 한번은 그곳으로 가는 법이다. 이 세상에 태어나서 살다가 죽는 게 자연의 이치야. 그러니 너무 상심하지 마라."

"일전에 쓰러지셨을 때 이미 각오했던 일인데요, 뭐."

마스오는 위로하는 쪽이 맥이 빠질 정도로 태연하게 대답했다.

마나카의 예상과는 전혀 다른 반응이었다. 후미와 마스오는 여장부 어머니와 유약한 아들의 전형적인 관계라고 생각했기 때문이었다.

"그보단 마나카 형."

마스오가 화제를 바꿨다.

"저는 형한테 미안한 일을 했다고 반성하고 있어요. 유산 상속이 끝나면 꼭 회사로 돌아오세요."

마나카가 생각한 시나리오대로였다. 하지만 마나카는 마스오의 애를 태워야겠다고 생각했다.

"마스오, 네가 아무리 그렇게 말해도 제이피에는 미사와와 다츠야라는 이사가 버티고 있어. 미사와는 그렇다 손쳐도 다츠야와 나는 사고방식이 달라도 너무 달라. 더구나 그 녀석은 서슴없이 사람을 자르는 인간이야. 그런 녀석과 함께 일한다는 건 영 마음이 내키지 않아."

"물론 다츠야는 회사에서 내보내야죠. 제이피의 주식은 어머니가 60%, 내가 10%, 형이 25%를 갖고 있잖아요. 그건 우리가 손을 잡으면 뭐든 할 수 있다는 뜻이에요. 당장이라도 임시 주주총회를 열어서 다츠야를 해임하고 대신 마나카 형을 전무이사로 선임하고 싶군요."

마나카는 대답 대신 마스오에게 회의적인 눈빛을 보내는 명연기를 펼쳤다.

"만약 사유리가 주식을 원한다면 어떻게 할 거냐?"

"동생은 회사경영에 관심이 없어요. 먹고살 만큼의 재산만 나누어주면 불평하지 않을 거예요. 사유리가 저를 등지는 일은 절대 없을 겁니다."

마스오가 자신만만하게 장담했다.

"아참, 마나카 형에게 말할 게 있는데요, 얼마 전에 마이클 우즈를 만났어요. 뉴욕에 있는 그의 집에 초대를 받았죠. 대등한 파트너로서 함께 일을 해보지 않겠느냐고 제안하더군요."

마이클 우즈라면 전자부품업계에서는 모르는 사람이 없는 거물이다.

"마이클 우즈라니, 설마 UEPC 회장이자 CEO인 그 사람을 말하는 거야?"

마나카는 반신반의하며 되물었다.

"맞아요. 하지만 생각해봤더니 UEPC와 손을 잡으면 언젠가는 먹혀버리겠다는 결론이 나더군요. 그래서 그 제안은 거절했어요."

마나카는 마스오의 이야기를 듣고 몇 가지 의문이 생겼다. 마스오는 무슨 생각으로 UEPC의 초청에 응한 것일까? 또, 정말로 본인의 의지로 마이클 우즈의 요청을 거부한 것일까?

마나카는 있을 수 없는 일이라고 생각했다. 소심한 마스오에게 그런 배짱이 있을 리가 없었다. 협상이 잘 진행되지 않은 것뿐이라고 보는 게 더 자연스러웠다.

그래도 마나카는 한 가지 정보는 건졌다. UEPC는 제이피를 정말로 집어삼킬 작정이라는 점이다. 더구나 마스오에게 접근하는 정공법을 썼지만, 불발로 그쳤다. UEPC는 제이피의 CEO인 다카라베 마스오에게 실망한 게 틀림없다고 마나카는 확신했다.

'내가 등장할 때가 왔군……'

경리부

마리가 다츠야의 자리로 헐레벌떡 뛰어왔다.

"회장님이 돌아가셨어요!"

다츠야는 자리에서 일어나 당연히 병원으로 가려 했다. 하지만 마리는 다츠야를 붙잡고 만류했다.

"사장님의 말씀입니다. 다츠야 부장님은 병원에도 고별식에도 올 필요 없다고 하셨어요……."

간토비즈니스은행 본점

그 무렵, 간토비즈니스은행의 사코타와 고와다에게도 다카라베 후미가 사망했다는 소식이 전해졌다. 사코타는 마루가메 지점장을 호출해 회의를 열었다.

"드디어 시작이군요."

마루가메가 말했다. 그러자 사코타는 안도의 표정을 지으며 입을 열었다.

"다카라베 후미 회장의 주식은 보나마나 사장한테 갈 것이고 사장은 마나카를 다시 부르겠지. 그리고 제이피는 3개월 연속 영업이익과 잉여현금흐름에서 흑자를 냈어. 이로써 에든버러 투자회사는 출자전환으로 의결권 주식의 49%를 취득하게 될 거야.

에든버러는 금융위기의 여파로 자금난을 겪고 있으니 그 주식을 마인슬리에게 매각할 거고, 그렇게 되면 우리는 확실하게 제이피의 채권을 회수할 수 있게 돼. 골칫거리였던 제이피가 우리 손을 떠나는 순간이지."

그러자 고와다가 물었다.

"마인슬리가 주식의 49%를 차지한다 예상하고 마나카는 마스오 사장과 손을 잡을까요?"

고와다는 마나카에게 의구심을 품고 있었다.

"그 사람이 마스오 사장 밑에서 일하는 걸로 만족할까요? 사코타 상무님의 후배이고 무엇보다 하버드 비즈니스 스쿨에서 우수상을 받은 사람입니다. 도저히 만족할 것 같지 않은데요."

"자네도 알겠지만, 제이피는 마나카를 업무상 횡령죄로 고소했어. 하지만 2주 뒤에 고소를 취하했지. 마나카는 자신의 결백이 밝혀져서 그렇다고 말했지만 진상은 아무도 몰라. 어쨌든 그가 사회적으로 매장된 것만은 분명하지. 오명을 씻으려면 그 회사에 돌아가는 길밖에 없어. 나도 그게 가장 좋다고 생각하네."

사코타는 후배인 마나카가 제이피에 복귀하기를 바랐다.

"그렇게 되었을 때 다츠야 경리부장은 어떻게 될까요?"

고와다가 다시 질문을 던졌다.

"다츠야 말이지. 머리는 좋은데 행동이 너무 강압적이야. 난 다츠야보다는 마나카를 밀겠네. 자네는 마나카와 다츠야 중 누가 제이피의 사장으로 적합하다고 생각하나?"

고와다는 사적인 감정은 빼고 말씀드리겠다는 전제를 한 다음 이렇게 말했다.

"물론 다츠야 부장입니다. 사코타 상무님이 마나카 편을 드는 이유는 그 사람이 대학 후배여서 그렇지 않습니까?"

사코타의 얼굴이 순식간에 시뻘겋게 변했다. 하지만 차마 화를 내진 못하고 고와다를 쏘아볼 뿐이었다.

경리부의 반란

"다츠야 부장님은 경리부장으로서 마땅히 해야 할 일을 하지 않고 있습니다."

경리부에서는 가끔 부서 사람들의 의견을 교환하는 회의를 하곤 했다. 그런데 오늘따라 기우치의 말투가 까칠했다.

"그날그날의 수지를 관리하고 전표를 작성하고 회계기준을 준수해서 결산 자료를 만드는 게 우리 경리부의 일입니다. 그런데 부장님은 그런 일을 전혀 하시지 않아요."

나가노 공장의 경리책임자를 맡고 있는 기우치는 예전 경리부장인 마다라메를 연상케 하는 지론을 펼쳤다.

기우치는 자산, 부채, 자본 관리와 회사 실적을 측정하는 일만 경리부의 업무라고 고집했다. 마다라메의 후임으로 다츠야가 경리부장이 되고부터 경리부 본연의 모습에 대해 귀가 닳도록 말했건만 쇠귀에 경 읽기였다.

"경리부는 경리일이 본업입니다. 그런데 부장님은 자기 일은 뒷전이고 사장처럼 행동하지 않습니까! 누가 생각해도 이상한 일입니다."

기우치의 비판이 끝없이 이어졌다.

다츠야는 부글부글 끓어오르는 화를 꾹꾹 누르며 마리의 생각을 물었다.

"마리 과장은 어떻게 생각하죠?"

"저는 양쪽 다 경리부의 업무라고 생각해요."

마리는 조심스럽게 단어를 선택해서 말했다. 그런데 이번에는 다나카가 무례한 말투로 마리를 비난하기 시작했다.

"양쪽 다 경리부의 업무라고? 넌 부장님의 부하니까 그런 소릴 하는 거야."

하지만 마리는 발끈하지 않고 의연하게 반론을 제기했다.

"경영자가 관심을 가지는 건 미래를 예측하는 데 도움이 되는 정보입니다. 두 분이 말씀하시는 일은 과거의 정보밖에 제공할 수 없어요. 그런 일만 하니까 경리부는 빌붙어 사는 존재라고 손가락질 당하는 거예요. 다츠야 부장님이 책임자가 되고 나서 공장의 생산 라인별 손익과 거래처 손익을 명확하게 파악할 수 있게 되었죠. 적자가 나면 그 원인을 파헤쳐서 효과적으로 대처할 수 있게 되었어요. 저는 경리일이 정말 즐거워졌어요."

그러자 다나카가 입을 열었다.

"네가 즐거운 건 부장님과 같이 일해서 그런 거 아냐?"

다나카의 저질스러운 표현에 드디어 다츠야의 인내심이 한계에 다다랐다. 다츠야는 의자에서 일어나 다나카에게 소리를 질렀다.

"그만하지 못해! 여러분은 매일 사망진단서를 작성하면 월급이 나온다고 생각들 하는 모양인데 그런 건 컴퓨터가 충분히 할 수 있어!"

다나카는 서슬이 퍼런 다츠야를 보고 찔끔 겁을 집어먹은 기색이었다. 하지만 기우치는 예상 밖의 반응을 보였다. 예전이면 입을 다물고 있을 기우치가 물러나기는커녕 다츠야에게 덤벼들었다.

"그렇게 사람을 얕잡아보는 태도가 싫은 겁니다. 자기 멋대로 행동하고 자신의 말을 듣지 않으면 그렇게 호통만 치니까 사람들이 당신을 싫어하는 거라고요! 모두 단 다츠야라는 가짜 엘리트가 지겨워 죽을 지경이에요!"

기우치는 그렇게 내뱉고는 다나카를 데리고 부서실을 나갔다.

🔑 어긋난 계획 _ 5월 7일

병원 근처의 호텔 로비

"다츠야의 세치 혀에 넘어가서 이런 계약을 해버렸어요."

에든버러 투자회사와 맺은 출자전환이 상속에 어떤 영향을 미칠지 불안해진 마스오는 마나카를 찾아가 지원요청을 했다.

마나카는 돋보기안경을 꺼내어 영문 계약서 내용을 찬찬히 살폈다.

"계약체결은 끝났나?"

"네. 법적절차는 전부 끝났습니다."

"그렇군."

"영국의 회사에 제이피가 넘어가게 될까요?"

마스오는 제이피의 앞날이 어떻게 될지 감을 잡을 수 없어 겁을 집어먹은 상태였다. 하지만 마나카는 계약내용이 의외로 신사적이어서 내심 놀랐다.

계약서에는 '의결권주식의 49%'를 취득한다고 되어 있기 때문이었다. 하지만 마나카는 그 말을 입 밖에도 내지 않았다. 세상 물정 모르는 사장이 불안함에 못 이겨 도움을 청하러 왔으니 그가 무슨 충고를 하든지 전부 믿을 거라는 걸 안 것이다.

"이대로라면 제이피는 투자회사에 넘어가고 넌 사장 자리에서 물러나게 될 거다."

마스오의 얼굴에서 핏기가 가셨다.

"그걸 우려하고 있었어요. 아버지가 물려주신 제이피를 남의 손에 넘기다니, 생각만 해도 끔찍해요……."

"그래 맞아. 무슨 일이 있어도 넌 제이피의 사장이어야 해."

"마나카 형, 무슨 좋은 생각이 없을까요?"

철없이 도움을 청하는 마스오에게 마나카는 이렇게 말했다.

"네가 사장 자리에 남아 있을 수 있는 유일한 길은 UEPC와 손을 잡는 거야. 작은어머니가 보유하셨던 제이피의 주식은 출자전환을 하기 전의 60%야. 다른 주식은 내가 25%, 네가 10%, 그리고 직원들이 5%를 갖고 있어. 이걸 전부 합치면 출자전환을 한 뒤에도 51%야. 경영권을 빼앗기진 않아. 하지만 단 한 명이라도 배신을 하면 50% 이하가 되겠지."

마스오가 고개를 크게 끄덕였다.

"에든버러 투자회사의 지분비율은 49%야. 그래서 말인데, 에든버러 투자회사에게 제이피의 주식을 UEPC에 매각하도록 접근하는 게 좋지 않겠어? UEPC가 주주가 되는 거지. 넌 UEPC의 마이클 우즈와도 친하다며? 그리고 마이클 우즈는 널 존경한다고 했고. 넌 회사에서 쫓겨나지 않고 사장 자리를 지킬 수 있어. UEPC가 제이피의 주식을 보유하는 게 제일 바람직해."

"역시 마나카 형밖에 없어요."

마스오는 안도의 표정을 지었다. 하지만 마스오에게는 아직도 불안요소가 남아 있었다. 에든버러 투자회사와 연줄이 있는 것은 다츠야지 마스오 자신이 아니었다.

"마스오, 걱정마라. 만약 네가 UEPC와 손을 잡겠다는 생각만 확고하다면 내가 나서서 교섭을 해보지. 널 위해서 말이야."

마스오는 강아지가 주인에게 매달리듯이 마나카에게 말했다.

"형, 부탁할게요. UEPC와 대등한 파트너로 비즈니스를 하는 게 제 꿈이에요."

"알았다. 하버드 시절의 친구가 꽤 많이 업계에 포진해 있으니까 어려운 일도 아니야."

'슬슬 행동개시를 해야겠군.'

마나카는 치밀하게 짠 각본을 마스오에게 펼쳐보였다.

"그럼 준비 작업을 설명하마. 고별식은 가족이 아니라 회사가 주최하는 걸로 해. 그리고 지금 바로 에든버러 투자회사와 UEPC에게 임시 주주총회 소집통지를 메일과 팩스로 보내는 거지. 개최일은 고별식과 같은 5월 15일. 개최 장소는 장례식장 근처에 있는 밸리 호텔이 좋겠어. 거기서 관계자를 모아서 에든버러에서 UEPC로 주식을 양도하는 안건을 승인하게 하는 거야.

다음으로, 다츠야의 이사 해임 결의를 하고 내가 이사로 취임한다. 작은어머니의 주식은 전부 네가 상속받으니까 우리 쪽의 지분 비율은 51%가 되는 거지."

마나카는 의기양양하게 말을 이었다.

"내 각본대로 일을 추진하려면 고별식은 임시 주주총회와 같은 날에 열어야만 해. 그러니까 고별식 날짜를 5월 15일로 변경하도록 해. 그날이 길일이든 흉일이든 상관없어. 그로써 모든 게 해결될 거야."

마나카는 왜소한 몸을 흔들며 통쾌한 웃음을 터뜨렸다.

후미의 집

그날 밤, 고별식 이야기를 하자는 명목으로 마나카는 마스오와 함께 후미의 아파트를 찾아갔다.

"사유리, 얼마나 힘드니……."

마나카는 사유리를 위로했다.

세상을 떠난 후미는 마나카 류조의 경영수완을 기대해서 제이피에 불러들였다. 하지만 그는 마스오를 얕잡아보고 마치 자신이 사장인 것처럼 행동하기 시작했다. 그것도 모자라 분식회계를 일삼아 회사재산을 횡령하고 무차입경영을 표방했던 제이피를 빚더미에 앉혔다. 더구나 독단으로 장인 회사의 연대보증을 받아들였고, 결국 그 회사가 파산하는 바람에 제이피는 18억 엔이나 되는 채무를 짊어지게 되었다. 마나카는 후미에게 사과 한마디 하지 않았고, 그런 마나카를 후미는 용서하지 않았다. 사유리 또한 그를 용서할 생각은 털끝만큼도 없었다.

그런데도 어느새 마스오는 마나카와 연락을 주고받기 시작하더니 후미의 집까지 데리고 들어온 것이다.

사유리는 도저히 마나카와 말을 섞고 싶지 않아 주방에서 음식을 만들기 시작했다.

그러자 마스오와 마나카의 수군거림이 들려왔다.

"그 녀석을 우리 회사에서 쫓아낼 거예요."

마스오의 목소리였다. 사유리는 직감적으로 '그 녀석'이 단 다츠야라는 것을 알 수 있었다.

"마나카 형, 제이피는 UEPC와 대등한 입장입니다. 뭐니뭐니 해도 우리한텐 미사와 상무님과 가네코라는 천재 콤비가 있어요. 그 녀석이 없어도 전혀 아쉬울 게 없어요."

마스오는 신이 나서 말했다. 물론, 마나카는 제이피가 UEPC와 결코 대등하지 않다는 것도, 가네코 정도의 기술자는 UEPC에 얼마든지 있다는 것도, 마스오가 다츠야의 공백을 메울 수 없다는 것도 잘 알고 있었다. 하지만 그는 그런 말은 입 밖에도 꺼내지 않았다.

"마스오, 15일은 고별식이니까 다츠야도 오겠지?"

"괜찮아요. 그 녀석에겐 고별식에 오지 말라고 전해뒀어요."

마스오는 옅은 미소를 띠었다.

사유리는 뭘 사와야 한다는 핑계를 대고 집 밖으로 나갔다. 그리고 가방에서 휴대전화를 꺼냈다.

"다츠야 씨인가요? 전 사유리예요. 오빠와 마나카가 다시 화해한 것 같아요. 조심하세요."

후미는 생전에 장례식은 검소하게 가족들끼리 치러달라고 말하곤 했다. 그동안 어머니와 함께 지낸 사유리도 그럴 생각이었다.

그런데 마스오는 당초 11일로 정했던 장례식을 15일로 변경하더니 아오야마의 장례식장에서 회사장으로 치르겠다고 주장했다. 사유리는 그렇게 떠들썩한 장례식은 어머니가 바라던 바가 아니라며 반대했지만 마스오의 주장에 꺾이고 말았다.

후미는 숨을 거두기 전날, 베갯머리로 사유리를 불러서 메모를 건네주었다.

"이 사람들이 있는 앞에서 내 유언장을 읽어주렴……."

사유리는 메모에 적힌 이름들을 보았다. 다카라베 마스오, 다카라베 사유리, 마나카 류조, 우사미 히데오……, 그리고 단 다츠야가 적혀 있었다.

"다츠야 씨도요?"

"그래……. 유언장은 후지우치 변호사 선생님에게 맡겨 놓았으니까……."

후미는 한 마디 한 마디를 쥐어짜듯이 말했다. 그것이 후미의 마지막 말이었다.

사유리는 후미가 지정한 사람들에게 고별식 안내장을 팩스로 보낼 준비를 했다.

팩스에는 '유언장 개봉 건으로 5월 15일 오후 5시, 요쓰야 밸리 호텔로 와주시기 바랍니다.' 라고 쓰여 있었다.

UEPC 일본 지사

"알랭인가? 린다가 잘해냈다며?"

난데없이 UEPC 본사의 CEO 마이클 우즈로부터 일본 지사장인 알랭 보가드에게 전화가 걸려왔다. 영국의 에든버러 투자회사가 보유한 제이피 의결권주식의 49%를 50억 엔에 양도받기로 결정났다며 마이클은 흥분한 어조로 알랭에게 전했다.

"경영권을 장악하려면 2%가 더 있어야 해."

"제이피의 회사정관에서는 주식양도 시에는 주주총회 승인이 필요하다고 되어 있으니 그때까진 주주가 될 수 없습니다. 하지만 린다는 이미 손을 써 놓았다는군요. 그리고 미스터 우즈, 어제 회장인 다카라베 후미가 사망했습니다."

알랭은 마스오가 보낸 팩스를 보면서 이렇게 말했다.

그러자 마이클은 덤덤하게 대답했다.

"알고 있어. 린다가 연락했네."

"린다가… 아니, 왜……."

"마나카라는 사람한테 들은 모양이야. 제이피에서 쫓겨나기 전에 전무였던 사람."

"그렇군요. 그리고 미스터 우즈 앞으로 임시 주주총회 소집통지가 와있는데요, 날짜가 고별식과 같은 날인 5월 15일입니다……."

어째서 이렇게 급하게, 더구나 하필 후미의 고별식 날에 주주를 소집하는지 알랭은 마스오의 의도를 알 수 없었다.

그러자 수화기 너머에서 마이클의 나지막한 목소리가 들려왔다.

"그것도 린다에게서 들었네. 같은 날로 해야만 하는 이유가 있다더군. 내 대신 사외이사인 키스를 참석시킬 참이야. 그는 빈틈없는 변호사니까 믿을 수 있어. 고별식까지 앞으로 일주일 남았군. 작전을 짜기엔 충분해."

마이클은 곧 터질 것만 같은 웃음을 애써 참았다.

"알랭, 같은 날 같은 호텔에서 다카라베 후미 씨의 유언장이 개봉된다더군. 거기엔 키스도 초대되었네."

🔑 저마다의 생각들 _ 5월 14일

모에의 경고

"여보세요, 마리니?"

책상에 놓인 전화 수화기를 들자 귀에 익은 목소리가 들려왔다.

"모에?"

"응, 나야. 오랜만이야. 갑자기 전화해서 놀랐지? 미안. 사실은 꼭 하고 싶은 말이 있는데 만날 수 있을까?"

"내일 어때?"

"내일은 너무 늦어."

마리는 모에의 절박한 말투에 가슴이 두근거리기 시작했다.

"알았어. 오늘 도쿄 역 앞에 있는 '호텔 시키'에서 6시에 보자."

"그럼 로비에서 기다릴게."

모에는 그렇게 말하고 전화를 끊었다.

6시 정각에 마리는 호텔에 도착했다. 24층에 있는 화려한 로비를 둘러보자 예전보다 한층 더 아름다워진 모에가 소파에 앉아서 기다리고 있었다.

"모에, 오랜만이야."

마리는 모에 옆에 앉았다. 하지만 모에는 제이피에서 매일 아침 직원들의 책상을 닦아주던 시절의 '예쁜 여직원'이 아니었다. 그녀의 눈빛은 섬뜩할 만큼 날카로웠다.

"오늘 만나자고 우긴 건 너와 다츠야 부장 때문이야. 마나카와 마스오 사장이 너희 둘을 쫓아내려 하고 있어."

마리는 자신의 귀를 의심했다. 제이피를 그만두고 감감무소식이던 모에가 갑자기 나타나서는 생각지도 못한 말을 했기 때문이다.

'부장님과 내가 제이피에서 추방당한다고……?'

"그게 무슨 소리야?"

"그전에 먼저 고백할 게 있어."

모에는 제이피에서 쫓겨난 이유를 말했다. 우표와 인지를 몰래 현금화하고 가공의 매입처에 대금을 지급해 회사 돈을 착복했던 사실을 솔직하게 털어놓았다.

"그게 정말이야……?"

마리는 도저히 믿을 수가 없었다.

"사실이야. 하지만 그건 내 뜻이 아니었어. 이것만은 제발 믿어줘. 1년 동안 착복한 돈은 전부 5천만 엔이야. 그중 5백만 엔은 마다라메와 구매부의 이노우에가 갖고 있었어. 나머지 4천5백만 엔은 마나카의 계좌에 송금했어."

"왜 그런 짓을 한 거지?"

마리는 이해할 수 없었다.

"마나카에게 속아넘어갔던 거야. 그래서 그 사람을 절대 용서할 수 없어."

모에의 눈빛이 험악해졌다.

"제이피를 그만둔 뒤에도 난 마다라메와 계속 연락을 주고받았어. 마다라메는 아이치 공장에 있던 기우치나 경리부의 다나카와 아직도 연락하고 있거든. 나쁜 사람이지만 제이피의 정보를 들으려면 마다라메가 제일 손쉬운 상대였어."

"하지만 왜 이미 그만둔 회사 정보를 듣고 싶어하는 거야?"

"마나카를 꼬셔내려고. 마나카는 말이지, 제이피에 미련이 남아 있어. 그리고 간토비즈니스은행의 사코타 상무와 대학 산악부 선후배지간이야. 제이피에 무슨 일이 일어나면 그를 방패 삼아 제이피에 다시 돌아가려는 심산이야."

"사코타 상무와 마나카가 대학 동창이란 걸 어떻게 알았니?"

"지금은 생각하기도 싫지만 예전에 그 남자와 사귀었으니까. 사코타에 대해선 마나카가 종종 말했었지. 난 경리부에서 지급업무 담당이었잖아. 접대비를 정산할 때 회식 내용을 쓰잖니? 마나카가 긴자의 술집에서 사코타 상무와 빈번하게 어울린다는 걸 알게 되었지. 그래서 제이피를 그만둔 뒤, 그 가게에서 일하기로 결심한 거야."

이로써 마나카와 모에와 마다라메의 연결고리가 밝혀졌다. 하지만 마리는 아직도 이해가 되지 않는 부분이 있었다. 추방당한 마나카가 어떻게 제이피에 돌아올 수 있었는지 그 이유가 궁금했다.

"마리, 마나카는 불기소처분으로 끝났어. 이유는 잘 모르겠지만 아무튼 제이피는 기소를 취하했지. 즉, 4천5백만 엔을 자기 호주머니에 넣은 채 아무런 추궁도 당하지 않았다는 소리야. 또, 마나카는 제이피의 주식을 25%나 갖고 있어. 마스오 사장은 우유부단하고 마나카를 싫어하지 않아. 마나카를 쫓아낸 건 후미 회장님이야. 그런데 회장님이 돌아가신 거야."

그제야 마리는 '꼭 하고 싶은 말'이 무엇인지 감이 잡혔다. 후미가 죽은 지금, 마나카와 마스오의 반격이 시작될 것이다.

"하지만……."

마리는 모에에게 물었다.

"저번 주주총회 때, 너와 마나카를 경찰에 인도한 건 다츠야 부장님이잖아. 모에, 넌 부장님이 밉지 않니?"

모에는 고개를 설레설레 흔들며 이렇게 대답했다.

"그 사람은 올바른 일을 한 것뿐이야. 그리고 다츠야 부장이 얼마나 괜찮은 사람인지는 마리, 네가 더 잘 알고 있지 않니?"

마리는 코앞에 닥친 고별식 시간과 장소가 적힌 안내장을 모에에게 주며 이렇게 말했다.

"내일, 모에의 원한을 풀 수 있을지도 몰라."

우라타 역 근처 술집

미사와와 가네코는 후미의 장례식에 참석하려고 나가노 공장에서 올라왔다. 다츠야는 이전한 본사의 우라타 역 근처 술집에서 두 사람과 만났다.

"나가노 공장은 잘되고 있나요?"

다츠야가 물었다.

"스위치 생산은 3개월 전과 대비해 3배로 늘었습니다. 재고도 반으로 줄었고요. 판매용 로봇 생산도 문제없이 잘 돌아갑니다."

가네코는 명쾌하게 대답했다.

"가네코가 정말 잘해주고 있다네. 그리고 뭐니뭐니 해도 다츠야 부장, 자네 덕분이야. 예전 체제로는 절대로 이렇게 되지 못했을 거야……."

"미사와 상무님 말씀이 옳아요. 다츠야 부장님은 제 은인입니다. 마다라메가 경리부장이었을 무렵엔 경리부 따윈 현장을 모르는 사람들이 바글거리는 곳이라고 생각했지요."

가네코는 웃는 얼굴로 다츠야에게 감사의 마음을 전했다. 두 사람과 술잔을 주고받으면서 다츠야는 그동안 쌓였던 스트레스가 한 방에 날아가는 느낌이 들었다.

"자네가 앞으로도 계속 제이피에 있어 주었으면 하네."

"제이피를 일본 제일의 스위치제조사로 키우는 게 제 꿈입니다. 그만두라고 하셔도 그만두지 않을 겁니다."

그렇게 말하면서도 다츠야는 미사와가 왜 그런 말을 하는지 다소 의아했다.

그러자 미사와가 목소리를 낮추고 말했다.

"자네 발목을 잡으려는 무리가 꽤 많은 것 같아. 나도 그런 일에 말려들고 싶진 않으니 신중하게 행동하게나."

다츠야는 자신의 귀를 의심했다. 존경하는 미사와가 이렇게 부정적인 충고를 하리라고는 상상도 못했기 때문이다.

진정한 상사라면 '내가 책임질 테니까 자네 생각대로 추진하게'라고 독려해야 되는 게 아닐까? 다츠야는 미사와에게 이런 질문을 던졌다.

"만약, 제가 제이피를 그만둘 수밖에 없게 된다면 여러분은 어떻게 하실 거죠?"

"방금 자네는 그만두지 않겠다고 하지 않았나?"

"만약, 입니다."

"글쎄……. 자네가 없으면 허전할 게야. 하지만 회사 실적도 회복되고 있으니 나는 남은 인생을 이 회사에 바치겠네."

다츠야는 가네코에게도 같은 질문을 했다.

"지금 하고 있는 일에 보람을 느끼고 있으니까 저도 여기에 남아서 최선을 다 할 겁니다."

가네코는 싱글벙글 웃으며 말했다.

하지만 다츠야는 두 사람의 대답이 잔인하게만 느껴졌다.

'내 가치는 이 정도밖에 안 되는구나……'

다츠야는 온몸에서 힘이 쭉 빠졌다.

🔑 출발 _ 5월 15일

임시 주주총회

밸리 호텔의 소연회장에서는 제이피 임시 주주총회가 열릴 예정이었다. 주주는 사장인 마스오, 마나카, 우리사주조합의 대표자인 기우치, 그리고 에든버러 투자회사의 제임스, 또한 이날 주식을 양도받게 되어 있는 UEPC의 일본 지사장인 알랭, CEO의 대리인으로 온 사외이사 키스, 그리고 중개 투자펀드사인 마인슬리의 린다가 얼굴을 보였다.

15시 10분. 마스오는 임시 주주총회 개최를 선언했다.

이날을 대비해서 마나카는 마스오와 수십 번도 더 의논했다. 어떤 변수가 있을지 모를 일이니 모든 가능성을 고려해서 대책을 세워놓았다. 마나카는 자신이 있었다. 에든버러가 가진 49%의 주식을 전부 사들이는 게 가장 확실한 방법이다. 하지만 그게 불가능한 이상, 오늘 이루어질 주식양도를 인정하지 않을 수 없다. 마스오는 후미로부터 전 주식을 상속받을 것이고 우리사주조합은 기우치가 알아서 할 것이다. 즉, 전체의 51%를 이쪽이 차지하고 있으니 자신들이 제이피에서 내몰릴 일은 없다. 그러면 이사들만 이쪽 편으로 끌어들이면 된다. 마나카는 앞으로 진행될 일을 상상하며 의미심장한 미소를 지었다.

"제1호 의안은 이사 해임 및 선임의 건입니다."

의장인 마스오는 낭랑한 목소리로 마나카가 써준 원고를 읽어나갔다. 평소의 맥없는 모습과는 완전 딴판이다.

"단 다츠야 이사는 선량한 관리자의 주의의무를 어기고 제이피를 소유하려는 음모를 꾸몄다. 따라서 단 다츠야 이사를 해임하는 건에 대해 의결하겠습니다."

"이의 없습니다!"

마나카가 큰소리로 말했다. 기우치도 손을 들었지만 제임스는 복잡한 표정으로 침묵을 지켰다.

"제임스 씨의 의견은 어떻습니까?"

마스오가 서툰 영어로 질문했다.

"네……. 의안에 찬성합니다."

제임스는 이 안건에 반대해봤자 아무것도 변하지 않는다는 것을 잘 알고 있었다.

"다음은, 마나카 류조와 기우치 슈지의 이사 선임 건입니다."

이 의안도 일사천리, 만장일치로 가결되었다.

"그럼 제2호 의안으로 넘어가겠습니다. 에든버러 투자회사가 보유한 제이피의 전 주식을 UEPC사에 양도하는 건에 대해 이의 있으십니까?"

어찌나 밋밋한 억양으로 말하는지 남이 써준 원고를 읽는 티가 확 났다.

"이의 없습니다."

마나카가 다시 큰 소리로 외치자 회장에서는 박수가 일었다.

마지막으로 마스오는 의기양양하게 결론을 말했다.

"그럼 단 다츠야는 해임, 마나카 류조와 기우치 슈지가 이사로 선임되었습니다. 또한 에든버러 투자회사가 보유한 제이피의 전 주식은 UEPC에 양도되었습니다."

제임스와 키스는 미리 준비해온 양도계약서에 만년필로 서명한 다음 악수를 나누었다.

키스는 마스오와 악수를 하며 굵직한 목소리로 말했다.

"마스오 사장님, 이로써 귀사도 세계 일류 기업과 한 식구가 되었군요."

마스오는 좋아서 헤벌쭉 웃었다. 제이피가 UEPC의 산하에 들어갔다. 이로써 발행주식 수의 51%를 확보하여 경영권을 쥐고 있는 한편, 의사결정을 하느라 고심하지 않아도 된다.

그때였다. 키스는 마나카에게 다가가 천천히 말했다.

"마나카 씨, 당신은 하버드 비즈니스 스쿨에서 우수상을 받으셨고 영어로 의사소통도 가능하다지요? 앞으로 뉴욕 본사에서 열리는 임원회의에 참석하시면 되겠군요."

그 말을 듣고 흥분으로 얼굴이 붉어진 마나카가 키스의 손을 꽉 잡았다.

"그런데 말이지요……."

키스는 마나카의 손을 슬쩍 뿌리쳤다.

"마나카 씨, 한 가지 마음에 걸리는 게 있는데요. 하버드 비즈니스 스쿨의 동창회장을 맡고 있는 제 친구가 있는데, 당신의 이름이 졸업생 명부에 실려 있지 않다고 하지 뭡니까. 아니, 그 사람의 착각일 겁니다. 마음 상했다면 용서하십시오."

키스는 마나카의 얼굴에서 핏기가 싹 가시는 것을 놓치지 않았다.

"그리고……."

키스는 이번에는 마스오 쪽을 보며 말했다.

"마스오 사장님, 당신이 뉴욕에 오셨을 때 웬 무례한 사람한테 전화가 걸려왔어요. 맞아, 다츠야라는 남자였지요. 아까 해임당한 이사와 혹시 동일 인물인가요?"

키스는 마스오의 반응을 기다렸다.

"네, 그렇습니다. 원래부터 예의를 모르는 사람이지요. 우사미라는 노인한테 사사했다고 자랑하며 경영자 흉내나 내는 애송이입니다."

"그렇군요. 사장인 당신의 마음이 그렇다면 그를 이사직에서 해임할 수밖에 없겠군요."

린다와 제임스는 아무것도 모르는 척하며 두 사람의 대화를 듣고 있었다.

키스는 마스오에게 말했다.

"이로써 주주총회는 무사히 끝난 건가요?"

"네. 저희는 5시부터 다른 모임이 있어요. 여러분은 편안히 즐기다 가십시오."

그렇게 말하며 마스오가 의자에서 일어났다. 바로 그때였다.

"그 모임이라면 저희들도 사유리 씨한테 초대를 받았습니다."

키스는 사유리가 보낸 팩스를 마스오에게 보여주었다. 하지만 사유리가 초대한 것은 키스만이 아니었다. 린다와 제임스도 초대를 받았다.

"왜 사유리가……."

마스오는 미심쩍은 얼굴로 중얼거렸다.

"아직 30분 정도 시간이 남았군요. 그럼 나중에 봅시다."

키스는 천천히 몸을 일으켜 제임스와 린다, 알랭을 데리고 호텔 라운지로 향했다.

드러난 속마음

푹신한 소파에 등을 기댄 키스는 맞은편에 앉아 있는 제임스에게 말을 건넸다.

"제임스, 자네한테 꼭 물어보고 싶은 게 있네. 자네가 제이피 주식을 우리 회사에 매각하기로 결정한 진짜 이유를 듣고 싶군."

뜬금없는 질문에도 제임스는 주저 없이 말했다.

"제이피의 지적재산을 백 퍼센트 살릴 수 있는 건 UEPC밖에 없다고 생각했기 때문이지요."

그러자 키스는 호탕하게 웃었다.

"나한테 그런 거짓말이 통할 거라고 생각했나? 제이피의 지적재산을 원하는 회사는 얼마든지 있어. 그럼에도 자네는 UEPC를 선택했네. 자네가 대답하고 싶지 않다면 내가 대신 말해주지. 자네가 린다에게 푹 빠졌기 때문이야. 내 말이 틀렸나?"

제임스는 새빨간 얼굴로 반박했다.

"저는 절대로 일에 사적인 감정을 개입하지 않습니다!"

"조사한 바에 따르면 자네들은 싱가포르 대학 시절의 동기였다지? 자네는 린다를 좋아하지 않았나? 그래서 다른 회사가 아니라 린다에게 제이피의 주식을 양도한 거야. 그렇지 않나?"

제임스는 입을 꾹 다물고 아무런 말도 하지 않았다. 그러자 키스는 린다를 향해 말했다.

"자네는 어떤가? UEPC에서 마인슬리로 옮기면서까지 이 프로젝트를 추진한 이유가 뭔가?"

"제조사보다 더욱 스릴 넘치는 금융 분야에 몸담고 싶었기 때문이겠죠."

린다가 이렇게 대답하자 키스는 "과연 그럴까?" 하며 살짝 웃었다.

"UEPC의 지적재산부서에서 자네가 일하고 있을 때 자네는 스위치에 관한 특허를 독점하고 있는 제이피를 알게 되었네. 그런데 알고 보니 그 회사는 자네의 대학원 동기이자 자네가 눈이 멀었던 다츠야가 운영하고 있었어. 자네는 이제까지 살면서 어디를 가나 주목의 대상이었지. 자신의 미모와 지성에 대단한 자신감을 갖고 있었어. 자기 뜻대로 휘두르지 못하는 남자는 이 세상에 없다고 생각했을 거야.

하지만 다츠야는 그렇지 않았어. 다츠야에게 자네는 다른 여자 친구와 다를 바 없는 존재였어. 자네는 처음으로 사랑을 했지만 보기 좋게 차였지. 게다가 다츠야는 싱가포르 대학의 MBA 코스를 수석으로 졸업했어. 자네의 자존심은 다츠야 때문에 갈기갈기 찢어졌어. 그리고 다츠야에 대한 연심은 어느새 증오로 변했네. 그렇지 않나?"

"무슨 말씀이신지⋯⋯."

린다는 웃으며 부정했다.

"그렇게 여자 마음도 모르는 목석 같은 남자한테 제가 빠져들다니요? 저명한 변호사이자 UEPC의 사외이사이신 당신이 왜 그렇게 한심한 소문을 믿으시는 거죠? 설마 일부러 저를 괴롭히시는 건 아니시죠?"

린다는 정색을 하고 반론했다.

"한심한 소문? 괴롭힌다고? 어떤 이를 사랑하고 실연당한 일이 왜 한심한 일이지? 인간미 있고 멋진 일이라고 생각하네만. 난 말이지, 자네 같은 사람이야말로 선천적인 미모와 뇌세포를 무기 삼아 휘두르는 한심한 인간이라고 생각했다네. 하지만 그 이야기를 알고 나선 자네를 다시 보았다네."

하지만 린다는 키스의 말을 인정하지 않았다.

"다츠야는 그저 친구일 뿐이에요. 결코, 키스 씨가 생각하는 그런 관계가 아닙니다. 다츠야에 대해서도 조사하셨나요?"

린다가 그렇게 묻자 키스는 한 손으로 턱을 잡으며 대답했다.

"물론이네. 내가 원하면 어떤 정보라도 24시간 내에 입수할 수 있다네."

유언장 개봉

마스오와 마나카는 사유리가 지정한 밸리 호텔의 스위트룸 앞에서 벨을 눌렀다.

"어서 오세요. 방금, 키스 씨가 오셨어요."

이렇게 말하며 사유리는 두 사람을 거실로 안내했다.

마스오는 거기에 모인 사람들을 보고 깜짝 놀랐다. 소파에 전통 의상을 입은 우사미가 앉아 있지 않은가. 그 옆에선 후지우치 변호사가 미사와와 한창 이야기 중이었다.

"저 안쪽 방에도 오빠를 기다리는 분이 있어."

마스오는 사유리의 시선이 가리키는 곳을 보고 가슴이 철렁했다. 사와구치 모에와 호소야 마리였다. 두 사람은 마스오와 마나카를 보고 가볍게 목례를 했다.

마스오는 그 둘을 무시하고 "빨리 시작해."라며 사유리를 재촉했다.

"한 사람 더 와야 해."

그때였다. 벨 소리와 함께 다츠야가 천천히 방으로 들어왔다.

"누가 부른 거야!"

마스오가 목소리를 높였다.

사유리는 부드러운 어조로 "어머니가."라고 말했다.

"어머니가?"

"응. 돌아가시기 전날에 나한테 이걸 주셨어."

사유리는 후미가 쓴 메모지를 마스오에게 보여주었다.

끊어질듯 가느다란 글씨로 적힌 메모에는 다츠야뿐 아니라 모에, 마리의 이름도 적혀 있었다.

"이걸 어머니가……. 뭐, 됐어, 상관없어."

마스오는 불쾌한 얼굴로 방에 모인 사람들에게 방금 전 열린 임시 주주총회에서 다츠야를 해임하고 마나카와 기우치를 이사로 선임했으며 UEPC가 제이피의 새로운 주주가 되었다고 전달했다. 그러고 나서 다츠야에게 시비조로 쏘아붙였다.

"단 다츠야 씨, 우리 인연은 이걸로 끝이네. 그만 돌아가게."

그러자 나른한 표정으로 변호사인 후지우치가 입을 열었다.

"초대받으신 분이 모두 오신 것 같군요. 그럼 유언장을 개봉하겠습니다."

278

"뭐?"

마스오의 입에서 놀라움이 새어나왔다. 유언장이 이런 곳에서 공표될 거라곤 전혀 예상하지 못한 것이다. 후지우치는 봉투에 가위질을 해서 유언장을 꺼내어 큰 소리로 읽었다.

유언장

유언자인 나 다카라베 후미는 다음과 같이 유언한다.

1. 장녀 사유리에게 유언자 명의의 모든 예금 및 모든 부동산을 상속한다.

2. 장남에게 주식회사 제이피 주식 110만 주를 상속한다.

3. 단 다츠야에게 주식회사 제이피 주식 10만 주를 상속한다.

4. 유언집행자로서 아래 인물을 지정한다.

도쿄 도 주오 구 긴자 ××-× 번지

변호사 후지우치 헤이조

××××년 ××월 ××일

도쿄 도 세타가야 구 ××-× 번지

유언자 다카라베 후미 (서명)

방 안이 웅성거리기 시작했다. 다츠야가 상속인 명단에 포함되어 있을 뿐만 아니라 제이피 주식을 10만 주나 배당받았기 때문이다.

넋이 나가 입만 뻐끔뻐끔대는 마스오 옆에서 마나카는 재빨리 지분비율을 계산했다.

출자전환 후의 발행주식 수는 392만 2,568주다. 즉, 다츠야의 지분비율은 2.5%다. 만약 다츠야가 UEPC 측에 붙으면 경영권은 마스오와 마나카의 손에서 빠져나간다. 여태까지 들인 공이 물거품이 되는 것이다.

'UEPC와 다츠야가 이 사실을 미리 알고 내통했을지도…….'

마나카는 다츠야가 의심스러웠다.

방안의 소란스러움을 잠재우듯이 키스가 갑자기 입을 열었다.

"제가 사유리 씨에게 초대받은 이유를 말씀드려야겠군요."

키스는 린다에게 동시통역을 부탁하며 천천히 이야기하기 시작했다.

"아시는 분은 아시겠지만 여기 계신 우사미 히데오 씨와 저는 금융 계열의 싱크탱크에서 함께 일했던 동료입니다. 그는 상상을 초월해 열정적으로 일했지요. 우리는 그를 'six & twelve' 즉 6시에 출근해서 밤 12시에 퇴근하는 인간이라고 불렀을 정도입니다. 그때도 지금도 저는 우사미 씨를 변함없이 존경하고 있습니다.

각설하고 어느 날 우사미 씨로부터 전화가 왔습니다. 마스오 사장이 뉴욕에 오기 전날이었어요. 그는 '단 다츠야라는 젊은이의 전화를 받으면 상대해주지 말게.'라고 했습니다. 그리고 '제이피의

CEO를 너무 못살게 굴지 말게.'라고도 했지요.

하여튼, 마스오 사장이 갑자기 우리 눈앞에서 도망쳤을 땐, 솔직히 정말 놀랐습니다. 꽤나 독특한 분이라는 생각이 들었어요. 그런 반면, 다츠야 씨는 나무랄 데 없는 태도로 대처했습니다. 제 심술궂은 대응에도 이성을 잃지 않고 성실하게 완벽한 영어로 말하더군요."

키스는 다츠야에게 시선을 주었다.

'그랬구나!'

자신은 우사미 스승님의 손바닥 위에서 놀았던 것이다.

"키스 씨, 당신은 다츠야 씨와 짜고 제이피를 가로채려는 속셈입니까?"

마나카가 끼어들었다.

"다츠야 씨와 짜고 제이피를 가로챈다……. 재미있는 이야기군요. 하지만 다츠야 씨의 생각을 들어봐야 하지 않을까요?"

키스는 다츠야 쪽을 보며 말했다.

"주식 유증 건은 방금 처음 알았습니다. 그리고 UEPC와 짜다니 있을 수 없는 일입니다."

다츠야는 차분하게 말했다. 키스는 흡족한 표정으로 수긍하고 마나카에게 말했다.

"마나카 씨, 당신에 대해선 린다에게 들었습니다. 제이피에서 쫓겨난 뒤에도 복직 기회를 노리고 있다고 하던데요."

그러자 마나카는 시뻘겋게 달아오른 얼굴로 반론을 제기했다.

"쫓겨나다니 듣기 거북하군요. 그건 누명이었습니다. 그 증거로 제이피는 소송을 취하했어요. 다츠야의 말솜씨에 놀아난 무능한 경영자가 저를 추방했습니다. 저야말로 가장 큰 피해자입니다."

마나카는 난데없이 마스오를 공격했다. 마스오도 얼굴을 일그러뜨리며 마스오에게 덤벼들었다.

"마나카 형, 무능하다니 말이 심하잖아요!"

하지만 마나카는 마스오의 말을 못 들은 척하고 갑자기 은근한 어조로 키스에게 이렇게 말했다.

"아무래도 제가 오해했나 봅니다. 방금 전에 한 말, 사과드리지요. 저는 12.7%의 주식을 갖고 있어요. 제이피를 안정적으로 UEPC 산하에 두려면 저와 손을 잡는 게 정답일 겁니다."

마나카는 엷은 미소를 띠어가며 키스를 구슬렸다.

"그거 좋은 생각이군요. 중요한 회의 중에 도망쳐버리는 마스오 사장은 우리 회사의 임원을 맡을 역량이 없을 것 같아요. 다츠야 씨는 지금 막 거절했지요. 그렇다면 마나카 씨와 손을 잡는 게 최선이겠군요."

마나카는 벌떡 일어나 키스에게 다가가 가까스로 흥분을 누르며 말했다.

"이제야 제 꿈이 이루어지는군요."

그때 린다가 입을 열었다.

"모에 씨, 마나카 씨에 대해 할 말이 있다고 했지요?"

스위트룸에 있는 사람들이 일제히 모에에게 눈을 돌렸다. 모에는 낭랑한 목소리로 입을 열었다.

"제가 제이피 경리부에서 지급업무를 했을 때의 일이에요. 저는 가공의 매입처를 이용해 회사 돈을 착복하자고 접근한 마나카 전무에게 넘어가 그 일에 가담하고 말았어요. 그 돈으로 고급 호텔에서 식사를 하고 값비싼 와인도 맛보았지요. 하지만 제이피가 저와 마나카 전무의 소송을 취하하자 전무는 예금을 전부 인출해서 모습을 감추었어요."

"거짓말이야. 이 여자가 하는 소리는 전부 꾸며낸 말입니다!"

마나카가 큰소리로 부정했다.

"이 여자는 긴자의 고급 술집에서 일하는 유명한 호스티스입니다. 여러분, 속아넘어가면 안 돼요. 그리고 저는 회사 돈을 착복하지 않았습니다. 그래서 제이피가 소송을 취하한 겁니다."

"그건 아니에요."

그렇게 말한 사람은 사유리였다.

"마나카 오빠의 소송을 취하한 건 어머니의 뜻이었어요."

어머니는 친인척의 범행이 사람들 입에 오르내리는 게 싫어서 할 수 없이 마나카를 무죄방면했다고 사유리는 털어놓았다.

모에는 이야기를 계속했다.

"키스 씨, 이것을 좀 봐주세요."

모에는 수수한 핸드백에서 예금통장을 꺼내어 테이블에 놓았다. 키스는 그 통장을 집어 들고 독수리처럼 날카로운 눈으로 숫자를 살폈다.

통장에는 매달 수백만엔 단위의 이체내역과 수십만엔 단위의 출금내역이 빼곡하게 기재되어 있었다. 송금된 곳은 '마나카'라고 되어 있었다.

딱 1년 전 잔액인 4천5백만 엔이 한 푼도 남김없이 한꺼번에 마나카의 계좌로 송금된 것이다.

"모에 씨라고 했지요? 당신도 이 돈을 얼마간 받았나요?"

모에는 잠자코 고개를 가로저었다.

"다행이군요. 모에 씨는 부자인 마나카 씨에게 비싼 요리를 얻어먹기만 했지 회사 돈은 한 푼도 착복하지 않았군요."

키스는 그렇게 말한 다음 마나카를 향해 입을 열었다.

"마나카 씨, UEPC는 세계 1위의 전자부품 제조사입니다. 회사 돈을 횡령하고 학력을 사칭하는 인간을 조직의 일원으로 받아들일 순 없습니다."

그 말이 퇴장 선고로 느껴졌는지 마나카는 일그러진 얼굴로 방에서 나갔다.

다시 방안이 웅성거리기 시작했다. 그때, 팔짱을 낀 채 이제껏 조용히 듣기만 하던 우사미가 무거운 입을 뗴었다.

다츠야의 결심

"자, 이제 어떻게 하겠느냐, 다츠야."

다츠야는 돌처럼 굳어서 생각에 잠겼다. 그런 다츠야에게 키스는 의미심장한 어조로 말을 던졌다.

"다츠야 부장, 우리와 손을 잡는 게 어떤가? 지금 자네가 받은 주식을 합치면 지분비율은 51.5%가 되네."

모든 이의 시선이 다츠야에게 쏟아졌다. 하지만 다츠야는 팔짱을 낀 채 침묵을 지켰다.

"다츠야, 좋은 이야기잖아."

이렇게 말을 건 것은 린다였다.

"싱가포르를 떠날 때 제임스와 내가 했던 말 기억해? 당신은 일본에서 썩히기엔 아까운 인재야. 당신이 제조사를 좋아하는 건 잘 알고 있어. 그래서 나도 당신을 이해하고 싶어서 UEPC에 들어간 거야. 금융 분야와 전혀 다른 세계였지만 다츠야의 마음을 조금은 알 것 같아."

다츠야와 함께 일하고 싶다고 속내를 털어놓는 모습은 오만한 예전의 린다가 아니었다.

하지만 여전히 다츠야는 아무런 말도 하지 않았다.

그때였다. 마리의 가느다란 목소리가 들려왔다.

"제이피를 구한 건, 다츠야 부장님이에요. 누가 뭐라고 하건 저는 이 회사에서 부장님을 계속 봐왔으니까 자신 있게 말할 수 있어요.

그러니까 부장님, 자신의 신념대로 결정하시면 돼요."

마리의 커다란 눈에서 눈물이 넘쳐흘렀다.

마리의 말에 이끌린 것처럼 자리에서 일어난 다츠야는 천천히 입을 열었다.

"제가 제이피에 들어간 이유는 여기 계신 우사미 스승님의 권유 때문이었습니다.

대학을 졸업하고 취직할 회사가 정해졌을 때 스승님은 헬리콥터에서 내려다보듯이 멀리서 바라보기만 해서는 경영과 회계지식을 자기 것으로 흡수할 수 없다고 충고하셨습니다. 하지만 저는 스승님의 충고를 무시하고 유명한 컨설팅 회사에 들어갔습니다. 고소득에 남 보기 좋은 일을 하고 싶었고 경영이나 회계가 별 게 있겠나 하는 생각에서였죠.

하지만 결과는 비참했습니다. 저는 남의 인생까지 망쳐놓았어요. 스승님 말씀대로 수박 겉핥기식 지식이 흉기가 된 겁니다. 목적을 상실하고 컨설팅 회사를 그만 둔 제게 싱가포르 대학원 유학과 제이피의 취직을 권해주신 것도 우사미 스승님이었습니다.

저는 두 번 다시 과오를 반복하지 않겠다고 명심, 또 명심하며 제이피에서 일했습니다. 제 인생에서 가장 성취감을 맛본 나날이었죠. 책에서 배운 지식이 제 피와 살이 되는 것을 실감했습니다. 하지만……."

다츠야는 잠시 이야기를 중단했다.

"왜 그래, 다츠야? 다츠야가 제이피에 입사하겠다고 했을 때 난 반대했어. 하지만 그 결정은 옳았어. 그리고 보기 좋게 난국을 헤쳐 나가며 크게 성장했어. 이번에야말로 세계를 무대로 활약할 때야. 세계 일류 기업에서……."

린다는 열정적으로 설득했다. 하지만 다츠야는 결코 고개를 끄덕이지 않았다.

"경영과 회계를 알기 위한 여행은 이제 시작에 불과해. 린다, 그렇게 말해줘서 고마워. 하지만 지금 UEPC에 들어가면 경영과 회계의 묘미를 모른 채 인생을 마칠 것 같은 기분이 들어."

"그럼 뭘 하겠다는 거야?"

린다가 의아함을 담은 눈으로 물었다.

"내 회사를 경영하고 싶어. 도요타 자동차나 혼다, 소니, 파나소닉은 전부 밑바닥에서 출발한 회사들이야. 그래서 창업자들이 경영과 회계를 속속들이 알 수 있었을 거야. 위대한 선구자들이 걸어간 길을 나 역시 걸어가고 싶어."

"제이피를 그만두겠다는 말인가요?"

사유리가 걱정스럽게 물었다.

"어머님의 뜻에 반하는 행동인 줄은 잘 압니다……."

"뜻에 반하다니요, 당치도 않아요. 어머니는 다츠야 씨가 어떤 길을 걸어가더라도 응원하셨을 거예요. 어머니는 다츠야 씨를 더 이상 제이피에 붙들어두실 마음은 없었어요. 그 주식은 어머니의 선물입니다."

방안은 숨소리도 들리지 않을 정도로 조용했다. 모두 다츠야의 말을 기다렸다.

"키스 씨, 회장님으로부터 받은 주식을 사주시겠습니까? 그 돈을 밑천으로 회사를 세우고 싶습니다."

다츠야의 마음은 이미 제이피에 없었다. 모든 리스크를 짊어지지 않으면 진정한 경영자가 될 수 없다. 또한 진정한 컨설턴트도 될 수 없다. 다츠야는 제이피를 경영하는 과정에서 그 점을 확신했다.

우사미는 시종일관 감고 있던 눈을 뜨고 키스를 향해 말했다.

"내 애제자의 소망을 들어주게나."

"자네의 부탁이라면 들어줘야지."

그렇게 말하더니 키스는 부드러운 미소로 다츠야에게 오른손을 내밀었다.

다츠야는 솥뚜껑처럼 커다란 손으로 그 손을 힘껏 잡았다.

"부장님……."

다츠야를 부른 건 마리였다. 하지만 말이 나오지 않는다.

다츠야에게 마리는 이미 든든한 동지였다. 머리 좋고 일 잘하는 여자는 얼마든지 있다. 하지만 마리처럼 사심 없고 성실한, 또 진정한 의미에서 유능한 여자를 다츠야는 일찍이 본 적이 없었다.

'지금 말하지 않으면 평생 후회할지도 몰라…….'

다츠야는 마리 곁으로 다가갔다.

"마리가 도와주지 않았다면 난 예전에 좌절했을 거야. 정말 고마워. 그런데 한 가지 부탁할 게 있어. 앞으로도 계속 나의 비즈니스 파트너로서 힘이 되어 줘……."

〈끝〉

　이 책은 독자의 열렬한 지지를 받은 온라인 연재소설을 수정한 것입니다.

　여러분도 잘 아시겠지만, 관리회계는 경영자를 대상으로 한 회계입니다. 그런데 관리회계를 배우는 사람들은 대부분 경영자가 아니기 때문에 관리회계 이론을 경영과 연계해서 생각하는 게 말처럼 쉽지 않습니다. 그 점이 관리회계를 배울 때 가장 큰 장애물로 작용하고 있지요.

　이 소설은 2008년 8월 27일에 온라인 연재를 시작했습니다. 그후 3주도 안 되어 리먼브라더스가 파산하더니 세계적인 경기침체라는 지옥의 문이 입을 벌렸습니다. 평소에 경영에 관심이 없는 사람들도 국가 경영, 회사 경영에 관심을 갖지 않을 수 없는 상황 속에서 이 이야기가 시작된 것이죠. 그런 의미에서 '운명적인 회계학 책'이라는 생각이 듭니다.

　이 책의 주제는 '이익이란 무엇인가' 입니다. 경기가 호황일 때는 이익의 본질이 잘 보이지 않습니다. 이익이 무엇인지 생각하지 않아도 회사는 잘 돌아갔지요. 그 전형적인 예가 리먼브라더스로 일본 국가 예산의 절반에 달하는 막대한 차입을 거듭하며 그것을 지렛대 삼아 이익을 달성했습니다.

2008년 9월 15일에 리먼브라더스가 파산한 뒤, 그와 같은 비즈니스 모델로 이익을 추구했던 다른 대규모 투자은행들도 차례차례 모습을 감추었습니다. 그 후, 세계 최대의 보험회사인 AIG가 정부 관리체제에 놓였고, 세계 최대의 자동차회사인 GM이 파산했으며, 일본을 지탱하는 기업이라고 불리는 도요타도 휘청거렸습니다. 경기가 회복될 기미가 보이지 않은 채 불황의 터널에서 빠져나오지 못하는 사태가 1년 이상 지속되고 있습니다.

그런 와중에 단 다츠야가 이끄는 제이피는 섣불리 이익을 짜내는 경영방식에서 탈피하고 불황에서 살아남는 경영방식으로 방향전환을 했습니다. 다츠야가 결론을 내린 '이익의 본질'은 회계학에서 가르치는 '매출에서 비용을 차감한 금액'도 아니며 '부의 증가'도 아닙니다. 또한 다츠야는 전통적인 관리회계도 하이테크 관리회계라

불리는 새로운 방식도 이 불황에 커다란 효과를 기대할 수 없다는 것을 깨달았습니다.

이 책에는 단 다츠야가 이끄는 제이피가 급격한 수요 감소와 은행의 대출규제 등과 싸워가며 실적을 회복하는 과정이 나옵니다.

이 책을 통해 독자 여러분이 이익이란 무엇인가, 경영이란 무엇인가, 그리고 관리회계란 무엇인가에 대해 차분히 생각하게 된다면 저자로서 그보다 더 기쁜 일은 없을 것입니다.

하야시 아츠무